LES 100 STARS DES JEUX DE PARIS 2024

Textes : Mathieu le Maux
Ouvrage dirigé par Donovan Villemonteil
Maquette : Camille Decoster

© 2024, Hugo Sport, département de Hugo Publishing
34-36, rue La Pérouse - 75116 Paris
www.hugopublishing.fr

ISBN : 9782755674415
Dépôt légal : avril 2024
Imprimé en France par PPO Graphic

LES 100 STARS DES JEUX DE PARIS 2024

Mathieu Le Maux

Hugo Sport

SOMMAIRE

PRÉFACE

Tout petit, déjà, je rêvais de faire les Jeux, face aux exploits d'une légende comme Carl Lewis. Par la suite, j'ai eu la chance de réaliser ce rêve. En tant qu'athlète, j'ai participé à quatre Jeux Olympiques, j'ai été médaillé d'or à trois reprises, et j'ai même eu l'honneur d'être porte-drapeau. Mais je n'ai jamais eu l'opportunité de vivre les Jeux en France.

Les athlètes d'exception dont les portraits sont dépeints dans *Les 100 Stars des Jeux de Paris 2024* et qui font d'ores et déjà la fierté de notre pays auront cette chance incroyable, de pouvoir briller à la maison. Dans ce livre, vous allez découvrir ou redécouvrir les exploits et les parcours de celles et ceux qui nous feront rêver à Paris 2024, qu'ils portent les couleurs tricolores ou qu'ils viennent du monde entier.

Pour chacune et chacun, le rêve est immense: disputer les Jeux Olympiques et Paralympiques dans un cadre absolument exceptionnel, à Paris, pour remporter la distinction ultime et être reconnu comme le ou la meilleure dans sa discipline, partout dans le monde.

L'été 2024 marquera le retour, cent ans après, des Jeux Olympiques d'été en France. En 2024, les épreuves auront lieu au cœur de la ville, dans des sites plus à couper le souffle les uns que les autres. Nul doute que le spectacle sera au rendez-vous, et que toutes les conditions seront réunies pour créer les souvenirs d'une vie.

À Paris 2024, nous « Ouvrons grand les Jeux » à des millions de spectateurs et à des milliards de téléspectateurs qui vivront des émotions fortes, découvriront de nouvelles disciplines et se rassembleront autour de valeurs fortes communes.

Ouvrir grand les Jeux, c'est aussi les ouvrir aux défis de notre temps, à commencer par celui de l'égalité. Pour la première fois, il y aura autant de femmes que d'hommes athlètes aux Jeux Olympiques. C'est aussi le défi de l'inclusion alors que, pour la première fois de notre histoire, nous accueillerons en France un événement absolument exceptionnel : les Jeux Paralympiques d'été.

Du 28 août au 8 septembre 2024, nous serons au rendez-vous des Jeux Paralympiques. Ouvrir grand les Jeux, c'est aussi mieux faire connaître les athlètes paralympiques, qui malgré leurs performances tout aussi impressionnantes et leurs parcours de vie extrêmement inspirants, sont bien moins connus et visibles dans les médias que les athlètes olympiques.

Avec *Les 100 Stars des Jeux de Paris 2024*, nous vous invitons à découvrir les parcours de ces championnes et champions, et nous vous donnons rendez-vous pour découvrir les stars qui feront les Jeux Olympiques et Paralympiques de Paris 2024 !

Tony Estanguet
Président de Paris 2024

CLARISSE AGBEGNENOU

La battante

Que la judoka française Clarisse Agbegnenou ait opté pour un sport de combat est un clin d'œil du destin qui n'est pas anodin. Cette combativité qui la caractérise et fait la force de son judo, la trentenaire née à Rennes en 1992 la tient de loin. De très loin même: grande prématurée, celle qui décrochera deux médailles d'or à Tokyo presque trente ans plus tard, exploit inédit dans l'histoire du judo féminin, est en effet venue au monde deux mois avant le terme et a dû lutter dès les premières semaines de sa vie pour échapper à un triste sort. D'autant qu'après quatre semaines en couveuse, elle est opérée pour une malformation d'un rein; opération à l'issue de la laquelle la petite Clarisse tombe dans le coma. À son réveil, sept jours plus tard, le médecin qui s'est occupée d'elle confie à Pauline, sa mère, des mots qui sonnent aujourd'hui comme un mantra qui a guidé la vie de la championne des tatamis: « *Votre fille est une battante.* »
Une battante devenue combattante qui abordera les Jeux de Paris avec un objectif simple: conserver ses deux titres olympiques conquis en terres nippones il y a trois ans. Une performance inédite puisqu'elle ne fut alors que la deuxième judoka à réaliser un tel doublé lors d'une seule olympiade après le Néerlandais Wim Ruska aux Jeux de Munich en 1972. En cas de nouveau doublé, elle deviendrait alors la femme la plus titrée de l'histoire du sport français, devançant les illustres Marie-José Pérec et Félicia Ballanger. Une place au sommet du sport olympique féminin hexagonal qu'elle sera allée chercher au plus profond d'elle-même.

Clarisse Agbégnénou
aux Jeux Olympiques
de Tokyo 2020

FRANCE

JULIAN

ALAPHILIPPE

L'instinctif

Le coureur français de la Soudal-Quick Step ne disputera pas le Tour de France cet été. Une absence due au choix sportif de la direction sportive de son équipe, qui mise cette année sur Remco Evenepoel pour faire briller les couleurs de l'écurie belge. Une déception pour le public hexagonal qui devra également composer avec l'absence de son idole romantique, le Franc-Comtois Thibaut Pinot, retiré des guidons depuis la fin de saison 2023.

Mais que les fans du cycliste se rassurent. Cette absence de Julian Alaphilippe sur la Grande Boucle pourrait bien être une aubaine : la perspective de le voir débarquer aux Jeux fort d'une fraîcheur physique qui aurait pu lui faire défaut après trois semaines à arpenter les routes de France. D'autant que le natif du Cher est LE spécialiste tricolore des courses d'un jour, lui qui s'était adjugé le maillot arc-en-ciel de champion du monde en 2020 et 2021. Vainqueur de Milan-San Remo, de la Classique de Saint-Sébastien, à trois reprises de la Flèche Wallonne, et de Strade Brianche, ce combatif puncheur est un habitué des podiums, également capable de briller lors des courses à étapes. Alors à Paris, devant un public acquis à sa cause et sur un parcours qui semble avoir été tracé pour lui, « Alaf » pourrait bien ajouter l'une des plus belles lignes d'un palmarès déjà bien fourni. Et pour la France, l'occasion de renouer avec un titre qui lui échappe depuis la victoire de José Beyaert aux Jeux Olympiques de Londres, en 1948. En cas de victoire sur les Champs, nul doute que le public français aura vite oublié son absence au Tour 2024…

Julian Alaphilippe
aux Jeux Olympiques
de Rio 2016

FRANCE

GOALFIX
JOGOS

SEVDA ALTUNOLUK

Redoutable buteuse

À 28 ans, la joueuse de goalball Sevda Altunoluk affiche un palmarès impressionnant. Et si le titre de championne du monde échappe encore à sa sélection (2e en 2018, 3e en 2014), les Jeux Paralympiques sont en revanche le grand théâtre de ses exploits. Vainqueur en 2016 à Rio et en 2021 à Tokyo, l'équipe féminine turque de cette version adaptée du handball, arrivera donc à Paris avec la ferme intention de conserver son titre. Un statut de favori qu'elle doit en grande partie à sa prolifique buteuse Sevda Altunoluk. Meilleure marqueuse au Brésil en 2016 avec 36 réalisations lors du tournoi, elle porte ce total à 46 à Tokyo cinq ans plus tard, auteur notamment d'une performance magistrale en finale contre la Chine, rencontre au cours de laquelle elle inscrit 3 des 4 buts de son équipe (victoire 4-1). Un sacre particulier pour la licenciée du Yeminahalle, club de la capitale turque, puisqu'elle savoure cette deuxième médaille d'or avec sa sœur cadette Sevpa. Pièce maîtresse du jeu turc, Sevda Altunoluk, qui a commencé sa discipline à l'âge de 12 ans, dispose de qualités qui en font une attaquante redoutable, notamment par un type de lancer puissant et précis. C'est en 2010 qu'elle dispute sa première compétition en sélection nationale – elle n'a alors que 16 ans. Et c'est deux ans plus tard que l'adolescente se fait remarquer en contribuant au sacre de son équipe aux championnats d'Europe Division B. Avec 27 buts inscrits, elle termine meilleure buteuse et permet à son équipe d'accéder à l'élite continentale. Une division que la Turquie n'a depuis lors plus quittée. Mieux, elle en est même désormais l'habituée des podiums, ayant disputé 5 finales lors de ses 5 participations (médaille d'or en 2015 et 2019 et médaille d'argent en 2013, 2017 et 2021).

Sevda Altunoluk aux Championnats du monde de goalball, au Portugal en 2022

SELMA

BACHA

Complètement foot

Selma Bacha lors du match France-Autriche (3-0) lors de la Ligue des Nations féminine, en 2023

Passée par toutes les sélections en bleue chez les jeunes, avec lesquelles elle cumule plus de 50 matchs, la Lyonnaise Selma Bacha est une des figures montantes de la nouvelle génération de l'équipe de France féminine de football, notamment vainqueure de l'Euro U19 en 2019. L'arrière-gauche de l'Olympique lyonnais, poste qu'elle occupe également sous le maillot tricolore – elle joue également sur l'aile gauche –, a fait ses débuts en équipe de France A le 21 novembre 2021, à l'occasion des éliminatoires pour la Coupe du Monde 2023. Quelques jours plus tard, face au Pays de Galles, elle inscrit son premier but en sélection. Retenue pour participer à l'Euro 2022 en Angleterre, elle dispute également la Coupe du Monde l'an dernier en Australie, où elle délivre deux passes décisives lors des matchs de poule. Déjà quintuple championne de France, triple vainqueur de la Coupe de France et du Trophée des Championnes à seulement 23 ans, elle réalise le triplé Championnat-Coupe de France-Ligue des Champions en 2020. Ses performances avec l'Olympique Lyonnais lui promettent d'ailleurs un avenir radieux, elle qui est toujours plus ambitieuse: «*Je n'ai pas dit que j'allais l'avoir dans les deux prochaines années! Mais je sais que je l'aurai et on en reparlera*», dit-elle à propos du Ballon d'or.

Seule ombre au tableau – pour le moment–, les résultats en équipe de France A, dont le palmarès reste vierge. Un vide que la Française aimerait enfin combler avec ses partenaires lors du tournoi olympique à Paris cet été. À domicile, nul doute que les Françaises auront à cœur d'ouvrir leur vitrine à trophée.

MUTAZ ESSA BARSHIM ET GIANMARCO TAMBERI

Des amis pour la vie

Mutaz Essa Barshim et Gianmarco Tamberi aux Jeux Olympiques de Tokyo 2020

Amis dans la vie mais rivaux sur les sautoirs, le Qatarien Mutaz Essa Barshim et l'Italien Gianmarco Tamberi parviendront-ils cette fois à se départager lors de l'épreuve olympique de saut en hauteur? Car en 2021 à Tokyo, ces deux-là, au terme d'un concours parfait, avaient fait le choix de se partager une médaille d'or qui leur avait toutes les deux échappées jusque-là – le Qatarien ayant échoué en 2012 et 2016 (deux fois médaillé d'argent) et Tamberi pour sa part avait vu ses espoirs s'envoler cruellement trois semaines avant les Jeux au Brésil, se blessant gravement à une cheville. C'est d'ailleurs ce soir-là que leur amitié avait pris un tout autre tournant. Touché par la détresse de son ami, Barshim s'était précipité dans la chambre d'hôtel du sauteur transalpin pour le réconforter.

Alors cinq ans plus tard, au moment où le juge s'est avancé vers eux pour leur expliquer la façon dont le concours pouvait se terminer – ayant tous deux échoué à la même hauteur et ayant franchi les précédentes au premier saut, ils étaient à égalité parfaite –, les deux hommes n'ont pas eu la moindre hésitation: fin du concours et médaille d'or pour tous les deux. Un dénouement dont le sauteur du Golfe a expliqué les coulisses quelques heures plus tard en conférence de presse: « *Je l'ai regardé, il m'a regardé, et on a su. On savait que c'était réglé, qu'il n'y avait aucun besoin de continuer. Je me souviens qu'on en avait parlé une fois, il y a des années, et qu'on s'était dit: "Oh, imagine…" Et c'est arrivé. C'est au-delà du sport…* » symbole de cette amitié indéfectible entre les deux concurrents, lors de la cérémonie de remise de la médaille, ils se sont mutuellement passé la breloque autour du cou.

À Paris l'été prochain, ce n'est pas donc pas un mais deux athlètes qui tenteront de défendre leur titre. Et compte tenu du peu d'écart qui sépare les deux amis, il n'est pas interdit d'imaginer qu'un tel scénario puisse se reproduire!

Ryley Batt
aux Jeux Paralympiques
de Londres 2012

RYLEY BATT

Vingt ans au plus haut niveau

À l'âge de douze ans, l'Australien Ryley Batt découvre le rugby-fauteuil lors d'une exhibition à l'école et se décide à pratiquer ce sport qui va changer le cours de son existence. Seulement un an plus tard, il intègre l'équipe nationale australienne senior et participe à ses premiers Jeux Paralympiques en 2004, à Athènes, décrochant le titre honorifique de plus jeune joueur de rugby paralympique au monde. Avec les Steelers dont il sera élu meilleur joueur de 2006 à 2010, Ryley Batt remporte l'argent à Pékin 2008, puis l'or à Londres quatre ans plus tard. Entre temps, les Australiens sont aussi devenus vice-champions du monde, en 2010, à l'issue duquel il est élu là aussi meilleur joueur du tournoi. À partir de 2014, son équipe devient « injouable », remportant cette année-là son premier titre de championne du monde puis conservant sa couronne paralympique à Rio après une finale à suspens, et au terme de deux prolongations, face aux États-Unis. Leader de cette génération, son meilleur marqueur également coriace défenseur ne lâche pas les Steelers en léger déclin. Battus en finale des championnats du monde 2018 par le Japon, les Australiens s'inclinent de nouveau face au pays organisateurs des Jeux de 2020 lors de la petite finale. Une cinquième éditions des Jeux Paralympiques qui reste malgré tout un bon souvenir puisque Ryley Batt est nommé porte-drapeau de la délégation lors de la cérémonie d'ouverture.

À 35 ans, le costaud des New South Wales Gladiators au pays et de San Diego Sharp Edge au sein de la ligue américaine reste un joueur redoutable. À Paris, son expérience et son talent seront les meilleurs atouts d'une équipe revancharde et en quête de son glorieux passé.

CASSANDRE BEAUGRAND

Une revanche à prendre

Le 27 juillet 2021, aux Jeux Olympiques de Tokyo, la triathlète française Cassandre Beaugrand sort des 1500m de natation en 24e position, à une minute et douze secondes de la tête de course. Mal embarquée et loin du top 10 auquel elle peut prétendre, la quadruple championne de France de cross-country en cadet et junior sait qu'une fois le vélo déposé, elle pourra finalement compter sur sa foulée réputée aussi efficace que majestueuse pour grapiller des places au classement. Mais le plan déraille. Parce que son deux-roues en décide autrement. Crevaison, synonyme d'abandon. Maudit scénario. «*Au fond du trou*», dit-elle, les heures qui suivent sont un véritable enfer. Et même un double enfer ! Car en plus de sa légitime déception, Cassandre Beaugrand culpabilise de ne pas être psychologiquement en état de célébrer la cinquième place de son amie et binôme de chambrée Léonie Périault. Elle raconte : «*Je me devais d'être présente pour montrer que j'étais contente pour elle. Et en même temps, j'étais complètement détruite.*» En pleine dégringolade mentale et physiquement prostrée au fond de son lit, Cassandre Beaugrand inquiète son entourage: dans quatre jours, elle doit compléter le quatuor l'équipe de France du relais mixte. Sera-t-elle apte ? Saura-t-elle rebondir ? Oui. Le 31 juillet, elle surmonte sa déprime et participe à la conquête du bronze par équipe, première médaille olympique de l'histoire du triathlon français. Un pansement sur une plaie intime qu'elle cicatrise peu à peu. Championne d'Europe et du monde 2022 avec cette équipe de France dont elle est un pilier, puis sacrée en individuel aux Mondiaux du format *sprint* (50% des distances olympiques), Cassandre Beaugrand a pris la deuxième place du test event olympique en août 2023. Elle va mieux.

Cassandre Beaugrand
aux Jeux Olympiques
de Tokyo 2020

USA
YO 2020

Simone Biles aux Jeux Olympiques de Tokyo 2020

SIMONE BILES

Guess who's back ?

Attendue comme l'une des grandes stars des Jeux Olympiques de Tokyo après son quadruplé historique à Rio en 2016, la gymnaste américaine Simone Biles n'aura pas pu réitérer son exploit en terres asiatiques, revenant tout de même du Japon avec deux médailles – l'argent au concours général par équipe et le bronze à la poutre. Affaiblie mentalement, en perte de repères sur les agrès, elle avait préféré faire l'impasse sur le reste de la compétition et renoncer à la gloire qui lui était promise. En cause, des années d'omerta et les blessures psychologiques engendrées par les abus sexuels dont elle a souffert et qui l'ont meurtrie. « *J'aurais dû abandonner bien avant Tokyo* », confiera plus tard la virtuose de la gymnastique lorsqu'elle révélera avoir été victime des agissements du médecin de l'équipe de gymnastique féminine américaine. Après Tokyo, s'ensuivront deux ans d'absence des practices que la jeune Texane de 26 ans aura mis à profit pour se reconstruire.

Revenue à la compétition en août 2023 pour l'US Classic, où elle a de nouveau éclaboussé la compétition de son talent immense, la jeune femme semble avoir retrouvé sa forme et l'envie de performer. En attestent également ces résultats aux Championnats du monde à Anvers à l'automne 2023, desquels elle est revenue auréolée de cinq médailles, dont quatre en or. Nul doute qu'à Paris l'été prochain la délégation américaine pourra compter sur une Simone Biles qui a désormais donné son nom à cinq éléments techniques de son sport. L'occasion peut-être même pour elle de présenter à la face du monde de nouvelles prouesses et passer encore un peu plus à la postérité.

TIJANA BOSKOVIC

The Boss

Tijana Boskovic
aux Jeux Olympiques
de Rio 2016

Après deux tentatives infructueuses en 2016 (médaille d'argent) et 2020 (médaille de bronze), la volleyeuse serbe Tijana Boskovic parviendra-t-elle enfin à décrocher l'or olympique à Paris l'été prochain ? Comme tant d'autres sportifs, malgré un palmarès bien fourni, l'attaquante du club stambouliote de l'Eczacıbaşı Vitra peine à décrocher le Graal olympique. Déjà double championne du monde (2018 et 2022) et double championne d'Europe (2017 et 2019) avec sa sélection, la jeune femme n'est toujours pas parvenue à conquérir le titre le plus convoité du sport.

Mais que la gauchère d'1,94m se rassure : à la différence de ses homologues féminins et masculins pour qui les Jeux de Paris seront peut-être la dernière opportunité d'entrer dans les annales de l'olympisme, Tijana Boskovic aura encore d'autres occasions de compléter son palmarès. Car après deux échecs successifs en finale et en demi-finale, si l'heure du sacre ne devait pas sonner à Paris 2024, la joueuse serbe, 27 ans, aura encore bien d'autres occasions de corriger cela… Elle n'avait que 19 ans lors des Jeux brésiliens et devrait être de la partie pour ceux de Los Angeles en 2028, que ce soit pour défendre son premier titre ou renouveler sa tentative d'obtenir enfin le métal tant convoité. Elle aura alors 31 ans. Et si, à cette date, elle devait connaître la malédiction que certains ont pu connaître avant elle, elle pourrait même envisager, à 35 ans, de participer aux Jeux de Brisbane en 2032. Mais d'ici là, elle aura peut-être déjà rempli son objectif. Dès Paris ?

KARI BRATTSET DALE

Une faim de loup

Kari Brattset Dale aux Jeux Olympiques de Tokyo 2020

Entrée en équipe nationale en mars 2016, la Norvégienne Kari Brattset Dale n'a, depuis, plus jamais quitté la sélection norvégienne – exception faite de son absence de quelques mois en 2022 pour cause de maternité. Et avec celle-ci, le pivot de la meilleure nation de hand au monde a remporté les championnats d'Europe en 2019, puis les championnats du monde deux ans plus tard ; un tournoi à l'issue duquel elle fut même désignée meilleure joueuse. Athlétique, puissante, précise devant le but, Brattset a également tout gagné en club – championne de Norvège avec les Vipers Kristiansand, elle avait rejoint en 2018 le club hongrois de Győr, avec lequel elle conquiert l'année suivante la Ligue des Champions. Meilleure nation continentale avec neuf titres raflés sur les quinze éditions des championnats d'Europe, auxquels s'ajoutent quatre titres de championnes du monde, l'équipe féminine norvégienne de handball cultive une culture de la gagne qui la fait régulièrement briller lors des grands rendez-vous internationaux. Aux Jeux, en huit participations depuis 1976, cette équipe s'est hissée à sept reprises sur le podium – deux fois l'or (2008 et 2012), deux fois l'argent (1988 et 1992) et trois fois le bronze (2000, 2016 et 2020).

Au Pays du Soleil Levant à l'été 2021, les Norvégiennes sont largement favorites pour s'offrir un troisième sacre olympique en seize ans. Pourtant, rien ne va se passer comme prévu. Après un parcours en poule parfait (cinq victoires pour autant de matchs et un goal-average de +47), les Norvégiennes battent les Hongroises en quarts de finale, emmenées par une Kari Brattset de gala auteure de sept réalisations. Lancées vers le titre, les Norvégiennes vont pourtant se faire surprendre par les Russes au tour suivant, laissant filer leurs rivales affronter la France en finale, devant se contenter d'une médaille de bronze.

Cet été à Paris, Kari Bratsett disputera sa deuxième olympiade… et peut-être sa dernière. Car à 33 ans, le temps joue désormais contre elle. Alors pour que le rêve olympique ne vire pas au cauchemar, la Scandinave, fer de lance d'une équipe en quête de rachat, devra redoubler d'efforts pour faire à nouveau résonner l'hymne national norvégien au soir de la finale.

TERRANCE BYWATER

Serial Shooteur

Terrance Bywater
en 2017 à Tokyo

Nation mineure du basket-ball, pour lequel elle vibre culturellement peu, la Grande-Bretagne possède l'une des plus redoutables sélections de basket-fauteuil dont Terrance Bywater, 41 ans, en lice pour des sixièmes (!) Jeux Paralympiques à Paris, est l'un des plus grands joueurs. « Terry » découvre à 13 ans sa nouvelle passion lors d'une journée portes ouvertes organisées par les Tesside Lions de Middlesbrough, sa ville natale. Seulement quatre ans plus tard, il participe à ses premiers Jeux Paralympiques, à Sydney. Défaite en petite finale, mais le début d'une grande carrière.

Vice-champion du monde en 2002, Terrance Bywater décroche le bronze à Athènes puis à Pékin, où il termine meilleur scoreur de la compétition. Abonné à ce métal, également récolté à Rio et Tokyo, ce grand fan de foot – il porte le numéro 7, comme les grands noms du foot britannique George Best et David Beckham – vit « *le pire moment* » de sa carrière aux Jeux Paralympiques organisés au pays en 2012. Battue en demi-finale par les États-Unis, la Grande-Bretagne s'incline face au Canada pour la troisième place. Un échec largement compensé par sa ribambelle de succès et de places d'honneur à l'échelle européenne (cinq titres de champion, quatre de vice-champion, une de bronze depuis 2003), mondiale (deux fois vice-champion du monde en 2002 et 2022, champion du monde 2018). Cet été, il faudra suivre de près les performances de ce shooteur hors-pair. Et penser à jeter un coup d'œil à ses réseaux sociaux, sur lesquels son sens de la punchline, comme ses tirs sur les parquets, fait souvent mouche.

ROMAIN
CANNONE

À la fin de l'envoi, je touche

Ce 25 juillet 2021, au réveil, Romain Cannone pointe à la 47e place du classement mondial à l'épée. Le soir, en se couchant, l'escrimeur de 24 ans est champion olympique en individuel et offre sa première médaille d'or à la délégation française aux Jeux de Tokyo.

Romain Cannone aux Jeux Olympiques de Tokyo 2020

Mais par quel incroyable prodige un inconnu, encore remplaçant de l'équipe de France un mois plus tôt, a-t-il bien pu se hisser sur la plus haute marche du podium ? « *Il faut jouer, il ne faut pas s'enfermer, il faut "kiffer", il faut créer, plus on joue, plus on s'amuse, plus on prend du plaisir* », explique-t-il, tout simplement, au terme d'une journée complètement folle.
Intégré à l'équipe de France en 2020 pour participer aux épreuves par équipes, Romain Cannone est finalement sélectionné pour l'épreuve olympique en remplacement de Daniel Jérent, champion olympique par équipe à Rio, sur lequel plane une (finalement injuste) suspicion de dopage. Et en une journée, l'escrimeur formé à New York, où ses parents gèrent une boutique de macarons, enchaîne les miracles face à des adversaires, tous membres du top 10, qui ignorent tout de son jeu et même de son existence. Créatif, offensif et survolté, le Français s'offre le luxe de battre le numéro un mondial Gergely Siklosi en finale. Premier escrimeur français en or depuis le fleurettiste Brice Guyart (Athènes 2004) et premier épéiste vainqueur depuis Éric Srecki (Barcelone 1992), Romain Cannone devient champion du monde un an plus tard, prouvant à ceux qui en doutaient que son sacre olympique n'était pas le fruit du hasard. S'il n'était encore qu'un inconnu à Tokyo, il défendra son titre dans la peau du grand favori à Paris.

NEERAJ
CHOPRA

Historique

En Inde, des dizaines de célébrations culturelles et religieuses animent le calendrier annuel. Depuis le 10 août 2021, le carnet de bals national compte une nouvelle et peu banale célébration, associée à un dieu bien vivant: le 7 août est en effet baptisé « Journée du lancer du javelot » depuis l'exploit historique de l'athlète indien Neeraj Chopra, qui a donné à l'Inde sa toute première médaille d'or d'athlétisme aux Jeux Olympiques de Tokyo 2020. Un événement si retentissant que la fédération n'a donc mis que trois jours pour décréter cet hommage sportif dans un pays qui n'a d'ordinaire d'yeux que pour le cricket.

Fils de fermier de Khandra, à 100km au nord de New Delhi, Neeraj Chopra, 26 ans, découvre le javelot à 13 ans, dans des conditions sommaires. Son talent, indéniablement logé dans sa gestuelle et ses bras, va vite éclore. À 19 ans, il égale le record national, sans faire trop d'émulation. Puis le bat cinq mois plus tard lors de sa victoire, qui est déjà une grande première, aux championnats du monde junior. Le jeune homme est lancé, et remporte toutes les compétitions possibles: championnats d'Asie 2017, Jeux du Commonwealth puis asiatiques 2018... Il crée donc la surprise ce 7 août 2021 avec cet époustouflant jet à 87,58m. Devenu star en Inde, où il ne passe désormais guère plus de quatre mois par an, Neeraj Chopra vit et s'entraîne entre l'Afrique du Sud et l'Europe. Et ne cesse de démontrer que son exploit olympique n'était pas sans lendemain. Vice-champion du monde et vainqueur de la Ligue de diamant 2022, il s'impose l'année suivante aux mondiaux de Budapest, cochant la dernière case manquante et possible.

Neeraj Chopra aux Jeux Olympiques de Tokyo 2020

DANIS CIVIL

Danis Civil lors des championnats du monde 2021

Dernière danse

Aide-soignant dans un Ephad de Perpignan la semaine, danseur de breaking le week-end. Danis Civil pour ses patients, Dany Dann pour ses adversaires b-boy. Jusqu'à ce qu'il intègre la première promotion de danseurs de l'Insep, en septembre 2022, le Guyanais de bientôt 36 ans menait ces deux vies de front, sans se douter un instant qu'il enfilerait un jour ce maillot tricolore qu'il aime tant pour participer aux Jeux Olympiques. Le premier aboutissement d'un parcours atypique. Danis Civil découvre le breaking à 15 ans en suivant son cousin à l'entraînement, à Saint-Laurent-du-Maroni. Coup de foudre. Sa nouvelle passion devient un style de vie. L'ado dévore Youtube et mime chaque nouveau mouvement qu'il découvre.

À 20 ans, après deux ans dans l'armée, il s'envole pour la métropole pour se mesurer aux meilleurs danseurs de la planète. Devenu membre du mondialement reconnu Vagabond crew, en 2015, tout en enchaînant les petits boulots dans le secteur médical, Dany Dann remporte en 2018 le Battle of the year en solo, l'équivalent des championnats du monde, vêtu du maillot de l'équipe de France de foot. Un signe prémonitoire. Un an plus tard, le breaking est inscrit au programme de Paris 2024, dont le champion de France 2022 décroche un billet en s'imposant aux Jeux européens un an plus tard. Depuis, le père de deux enfants s'entraîne 5 à 6 heures par jour au sein de l'écrin du sport français, rêvant tout haut du titre olympique. Une occasion en or d'occuper une place unique dans l'Histoire des Jeux: le breaking ne figurera pas au programme de Los Angeles 2028…

Elodie Clouvel lors des Jeux Olympiques de Tokyo 2020

ÉLODIE CLOUVEL

L'art du renouveau

Dans le sport, le travail, le dépassement de soi, l'abnégation, entre autres, sont des qualités nécessaires pour mener à bien ses objectifs. Savoir se renouveler ou sortir de sa zone de confort en sont d'autres toutes aussi importantes. Et de celles-ci comme des premières, la vice-championne olympique de pentathlon moderne Élodie Clouvel n'en manquent pas. En témoigne sa carrière atypique. Habituée des bassins depuis son enfance, c'est après avoir échoué à se qualifier aux Jeux de Pékin que l'élève du rugueux Philippe Lucas décide de renoncer à sa discipline de prédilection, lassée de nager 18 à 19km par jour. Enfin, renoncer, non, pas complètement: sollicitée par les fédérations de pentathlon moderne et de triathlon, elle opte finalement pour le pentathlon, préférant les bassins à la nage en eau-vive.

Un pari qui s'annonce toutefois à quitte ou double: la jeune femme, alors âgée de 19 ans, a en effet une peur panique des chevaux… Or, le pentathlon moderne comporte une épreuve de saut d'obstacles. Un comble! Si dans les premiers temps, elle prétexte facilement des maux divers pour éviter de monter à cheval, il va lui falloir deux ans pour surmonter son appréhension. Et malgré une 31e place à Londres qui aurait pu entamer sa détermination, elle insiste. Une persévérance qui va s'avérer payante à Rio quatre ans plus tard, où elle décroche la médaille d'argent. À Tokyo, il y a trois ans, ses rêves de médaille s'envolent à cause de l'épreuve d'équitation, ayant perdu le contrôle de sa monture. Aujourd'hui, à 35 ans, une dernière chance de décrocher l'or s'offre à elle. Et pour préparer cette échéance, elle a décidé d'opérer un nouveau changement de taille: à neuf mois des Jeux, elle a quitté l'Insep et son cocon de champions pour s'entraîner seule. Un nouveau pari dont l'issue nous livrera son verdict en août prochain.

Tom

Daley

Seul au-dessus de l'eau

Le plongeon a rapidement été une évidence pour le Britannique Tom Daley. Dès 8 ans, le gamin de Plymouth grimpe sur les plateformes. Et même s'il reconnaîtra n'en avoir pas mené large lorsqu'il se présenta pour la première fois à 10m au-dessus du bassin, sanglotant de peur, il affiche très tôt des prédispositions que l'entraîneur de son club du Plymouth Diving Club remarque. En témoigne sa performance au concours de plateforme du championnat national junior: en compétition avec des jeunes âgés jusqu'à 18 ans, il l'emporte alors qu'il n'a que 10 ans, faisant de lui le plus jeune vainqueur de cette épreuve. Dès 2007, le prodige s'aligne face aux seniors du championnat britannique. Il y remporte le doublé individuel et synchronisé à la plateforme 10m. L'année suivante, à 13 ans et 10 mois, il devient le plus jeune champion d'Europe de plongeon et de natation de l'histoire à Eindhoven. Qualifié aux Jeux de Pékin, il devient le 2e plus jeune participant de l'histoire des Jeux mais n'en revient qu'avec des places d'honneur. En 2009, c'est cette fois le titre de plus jeune champion du monde qu'il fait tomber. Attendu à Londres comme un futur champion, il échoue pourtant au pied du podium sur l'épreuve synchronisée. Ce n'est que quelques jours plus tard qu'il obtient sa première médaille olympique en accrochant le bronze. En 2016 à Rio, il ne peut faire mieux que 18e en individuel, seul le haut-vol à 10m synchronisé lui permet de ne pas repartir bredouille du Brésil (bronze). C'est finalement à Tokyo que Daley finit par décrocher l'or olympique qu'on lui promettait depuis si longtemps (au haut-vol à 10 mètres synchronisé avec Matty Lee). En solitaire, il ne peut faire mieux que 3e. À seulement 30 ans, le Britannique disputera à Paris ses cinquième Jeux. L'occasion pour lui d'enfin parvenir à monter seul sur la plus haute marche d'un podium olympique.

Tom Daley aux Jeux Olympiques de Tokyo 2020

Diede de Groot lors des Jeux Paralympiques de Tokyo 2020

DIEDE DE GROOT

Un deuxième Grand Chelem doré ?

Qui arrêtera la joueuse de tennis-fauteuil Diede de Groot, 27 ans, dont le nom de famille – « grand » en néerlandais – sied parfaitement à son immense carrière ? Bien malin celui qui pourra le prédire, tant la numéro 1 mondiale, invaincue depuis l'US Open 2020, domine le circuit. Et il serait même plus aisé de faire la liste de ce qu'elle n'a pas gagné, plutôt que l'inverse, pour saisir en un clin d'œil l'étendue de son palmarès. Médaillée d'argent en double aux Jeux Paralympiques de Rio 2016, son épopée en solo débute avec un premier titre en Grand Chelem, à Wimbledon, en 2017. La suite est vertigineuse, en simple comme en double. En 2018, sur les quatre tournois majeurs, elle s'impose partout sauf à Roland-Garros. L'année suivante, seul Wimbledon lui échappe. Après six premiers mois galère en 2020, Diede de Groot remporte l'US Open et fonce vers ces sommets qu'elle ne quitte plus.

Sa saison 2021 est historique : elle remporte l'Open d'Australie et Roland-Garros, décroche l'or en simple et en double aux Jeux Paralympiques de Tokyo, puis enchaîne avec Wimbledon et l'US Open, réalisant le rarissime Grand Chelem doré, exploit tennistique seulement accompli chez les valides par une certaine Steffi Graf, en 1988. Pas rassasiée, la sextuple vainqueure du Masters de 2017 à 2023 (oui, aussi) garnit son armoire à trophées en réalisant deux fois le Grand Chelem en 2022 et 2023. Vainqueur en Australie début 2024, la Néerlandaise compte ainsi 21 titres du Grand Chelem en simple et 18 en double. C'est beau, c'est Groot.

MÉLANIE

DE JESUS DOS SANTOS

La nouvelle égérie

Et si l'heure était venue pour la gymnaste franco-brésilienne Melanie de Jesus dos Santos de briller à la mesure de son talent dans une grande compétition internationale ? Parsemée de hauts et de bas, parfois empêchée par des blessures, comme en 2016, où elle avait dû renoncer aux Jeux de Rio, la carrière de la Martiniquaise est en dents de scie, oscillant entre réussites prometteuses et échecs décevants. Des inconstances qui ont parfois entamé les certitudes de la jeune femme, comme après les Jeux de Tokyo, à l'issue desquels, déçue de ses prestations, elle songea a arrêté la gymnastique. Mais un événement va finalement la faire changer d'avis : invitée par l'illustre Simone Biles à prendre part au Gold Over America Tour, un spectacle gymnique organisé de septembre à novembre dans lequel toutes les autres participantes sont Américaines, elle retrouve le plaisir d'une passion née dès ses premières années – « Nini », comme la surnomme ses proches, a débuté la gym à 5 ans.

Après cet interlude loin de la pression de la compétition, elle repart de plus belles à l'assaut des agrès en partant s'installer aux États-Unis, où elle s'entraîne aux côtés de Simone Biles. De retour à la compétition en 2022, elle est à nouveau contrariée par les blessures et doit attendre 2023 pour retrouver les podiums. Plus précisément lors des Internationaux de France, une manche de Coupe du monde où elle décroche l'or aux barres asymétriques et au sol. Quelques semaines plus tard, réintégrée à l'équipe de France, elle est médaillée de bronze par équipes aux championnats du monde, une première pour la gymnastique tricolore depuis 1950. Et si ce résultat était l'élément déclencheur d'une régularité enfin trouvée ?

Mélanie de Jesus dos Santos aux Jeux Olympiques de Tokyo 2020

Romane Dicko aux Jeux Olympiques de Tokyo 2020

ROMANE DICKO

L'ingénieure

Le 2 août 2012, devant sa télévision, Romane Dicko, 12 ans, vibre au rythme du parcours olympique de la judokate française Audrey Tcheuméo, finalement médaillée de bronze en -78kg. Elle décide illico d'abandonner la natation et s'inscrit deux mois plus tard au dojo de Villeneuve-le-Roi. Une excellente décision. Six ans plus tard, l'étudiante en mathématiques, informatique, physique et ingénierie à La Sorbonne devient championne d'Europe en +78kg. Après deux saisons blanches marquées par les blessures, la cousine du champion du monde de triple saut Teddy Tamgho revient au sommet de sa forme et commence sa belle moisson de médailles. De nouveau championne d'Europe en 2020, Romane Dicko décroche le bronze aux Jeux de Tokyo et devient la plus jeune judokate française médaillée olympique. Mais le plus beau est à venir… Le lendemain, avec Clarisse Agbégnénou, Sarah-Léonie Cysique, Axel Clerget et le légendaire Teddy Riner, elle remporte l'or dans la toute première épreuve mixte par équipes, en réalisant l'exploit de battre le Japon, nation phare de la discipline, lors d'une finale historique. Toujours reine d'Europe (2022, 2023) et championne du monde 2022, la tout à la fois pensionnaire du PSG, ambassadrice du body-positivisme et étudiante de haut niveau grâce à un prof particulier et un planning aménagé, aura deux grands objectifs cette année : valider sa licence et décrocher l'or, deux fois, à Paris. Libre à chacun d'imaginer lequel des deux lui fera le plus plaisir…

NOVAK DJOKOVIC

Pour tout l'or du monde

Novak Djokovic aux Jeux Olympiques de Tokyo 2020

Vingt-quatre titres du Grand Chelem, sept Masters, quarante Masters 1000, huit saisons terminées à la place de numéro 1 mondial… On pourrait passer la journée à égrener les 98 titres ATP, les records et les exploits du tennisman serbe Novak Djokovic. Un palmarès insensé auquel il manque une dernière grande ligne pour signer son chef d'œuvre : l'or olympique.

Deux ans avant d'apporter sa première et unique Coupe Davis à la Serbie, en 2010, « Djoko » défend comme toujours fièrement les couleurs de son pays aux Jeux Olympiques de Pékin. Battu par l'intouchable Rafael Nadal en demi-finale, Novak Djokovic décroche le bronze face à l'Américain James Blake. C'est bizarrement sa seule médaille olympique, en quatre participations aux JO. Car depuis, impossible pour lui de remettre un pied sur le podium. En 2012, à Londres, il coince face au futur vainqueur Andy Murray et perd pour le bronze contre Juan Martin Del Potro, qui l'élimine dès le premier tour quatre ans plus tard à Rio ! En 2021, à Tokyo, il est battu par Alexander Zverev puis Pablo Carreno Busta et se contente d'une seconde médaille en chocolat au goût amer. À 37 ans au moment des Jeux de Paris dont il a fait un objectif clairement avoué, Novak Djokovic n'a plus qu'une chance, a priori, de se rapprocher de ses deux grands rivaux Rafael Nadal, également vainqueur en double en 2016, et Roger Federer, médaillé d'or en 2008 (en double, certes, mais quand même…) et d'argent en individuel en 2012. Et mettre fin au débat sur qui des trois est le plus grand de tous les temps ?

DAVID DRAHONÍNSKÝ

4 médailles et un oui

À 42 ans, le para-archer David Drahonínský n'est pas rassasié. Malgré un palmarès impressionnant, le Tchèque rêve d'inscrire une nouvelle ligne prestigieuse à la longue liste de ses succès internationaux. Triple champion du monde et triple champion d'Europe, le fantasque archer d'Europe central, réputé pour ses originalités capillaires et sa personnalité extravertie, rêve de décrocher une nouvelle médaille d'or aux Jeux Paralympiques. Cet or qu'il a déjà accroché à son cou lors des Jeux de Pékin 2008 et de Tokyo 2020. À Londres, en 2012, c'est l'argent qu'il avait récolté. Tout comme à Rio en 2016. Si la déception était de mise à Londres, à Rio, le champion tchèque s'en est vite accommodé, prenant son résultat avec recul. «*J'ai terminé deuxième, désolé*», avait-il glissé à l'issue de la cérémonie de remise des médailles à sa compagne Lida Fikarova. Il faut dire que son bonheur à lui ce jour-là était extra-sportif puisqu'il avait choisi cette date symbolique pour demander sa compagne en mariage. «*J'ai de la chance qu'au moins à Rio, je puisse faire une surprise à ma petite amie. Je voulais faire ça… et elle a dit oui!*» Plein d'humour, avec le tempérament qu'on lui connaît, il avait ainsi commenté sa demande surprise: «*Avant cette compétition, j'avais la bague. Après la compétition, j'avais encore la bague et la médaille. Et maintenant, je n'ai pas plus la médaille ni la bague!*» Preuve s'il en fallait que le sport et les performances qui l'accompagnent ne sont parfois que secondaires et qu'il y a des choses plus importantes dans la vie d'un athlète.

David Drahonínský (à gauche) lors des Jeux Paralympiques de Londres 2012

FLORA DUFFY

Jeune première

Remporter un premier titre olympique est le Graal de la carrière d'un athlète. Mais quand cette médaille d'or est la première de l'Histoire rapportée à son pays, et la seconde tout métal compris, cela devient un événement. Flora Duffy, 36 ans, pourra en témoigner toute sa vie. Le 27 juillet 2021, à Tokyo, la triathlète des Bermudes remporte l'épreuve féminine et fait entrer le petit archipel d'Amérique du Nord au Panthéon des nations en or, quarante-cinq ans après le bronze du boxeur poids lourds Clarence Hill. Moins d'un mois plus tard, Flora Duffy remporte le troisième de ses quatre titres de championne du monde de triathlon courte distance (2016, 2017, 2021 et 2022) et devient la première à réaliser le doublé JO-Mondiaux la même année. C'est le pinacle d'une carrière qui n'a fait que monter en puissance après deux modestes premières olympiades (abandon à Pékin 2008, 45e place à Londres 2012) suivies d'une belle huitième place à Rio, en 2016. Avant cette dernière année charnière, la Bermudienne brillait surtout en cross triathlon – le VTT remplace le vélo de course et l'épreuve de course à pied est un trail. Double championne du monde de la discipline (2015 et 2016) et désormais six fois vainqueure du circuit XTerra Triathon, la Coupe du monde de la discipline, entre 2014 à 2021, Flora Duffy s'essaye aussi en 2020 au triathlon longue distance, vainqueure en Afrique du Sud de son premier Ironman 70.3 (1,9km de natation, 90km de vélo, 21,1km). Des expériences à la dure et des formats extrêmes qui ont forgé la résistance physique et mentale d'une triathlète au talent façonné par ce que les grands sportifs combattent habituellement : le temps.

Flora Duffy
aux Jeux Olympiques
de Tokyo 2020

ARMAND DUPLANTIS

Joue-la comme Icare

Médaillé d'argent aux championnats du monde 2019, le perchiste suédois Armand Duplantis entre dans l'Histoire en février 2020. Deux fois. Le 8, en Pologne, « Mondo », 21 ans, efface des tablettes, pour un centimètre, le record du monde de son ami Renaud Lavillenie avec un saut vertigineux à 6,17m. Il récidive la semaine suivante, au meeting de Glasgow, où il passe 6,18m. Ses glorieux prédécesseurs comme Sergueï Bubka ou son idole française – « *J'ai toujours adoré la façon dont Renaud pratique la perche, j'ai toujours voulu sauter comme lui* » – ont mis des années à monter aussi haut. Lui s'envole avec une facilité presque insolente, ne donnant jamais l'impression de forcer ni de « s'arracher ».
C'est avec ce style fluide et aérien qu'il devient champion olympique, le 3 août 2021 (6,02m) dans un concours particulièrement relevé. Champion du monde en 2022, Duplantis n'a plus que lui-même comme adversaire. Il bat son propre record du monde par trois fois cette année-là, avant de conserver son titre en 2023 avec un bond à 6,23m. Hallucinant. Né en Louisiane (États-Unis), en 1999, d'une mère suédoise spécialiste du saut en longueur et d'un père perchiste américain, Armand Duplantis partait certes avec un avantageux bagage génétique dans la vie. Mais de là à imaginer qu'il franchirait aussi vite et aussi souvent des barres aussi hautes ? Dans le milieu de la perche, la rumeur raconte qu'il aurait 6,30m dans les jambes et qu'il en garderait sous la semelle pour ne pas se brûler les ailes à force de s'approcher du Soleil. Et tout le monde se pose la même question : où s'arrêtera-t-il ?

Armand Duplantis aux Jeux Olympiques de Tokyo 2020

ANTOINE DUPONT

Ministre de l'Intérieur

Le 15 octobre 2023, l'équipe de France de rugby s'incline d'un petit point en quart de finale de «sa» coupe du monde face aux futurs vainqueurs Sud-africains. Un dimanche noir pour les hommes de Fabien Galthié: favoris des bookmakers avec ses 80% de victoires depuis 2019, tous savent que vient de s'envoler l'occasion unique d'entrer dans l'Histoire, qui plus est à domicile. Sauf peut-être pour le capitaine, Antoine Dupont. Dévasté par cette cruelle désillusion, le meilleur joueur du monde en 2021 sait qu'une deuxième chance de briller en France sur la scène internationale s'offre à lui. Comment? En participant aux Jeux Olympiques de Paris avec l'équipe de France de rugby à 7. Ce qui n'était qu'une très probable rumeur est confirmée un mois plus tard, le jour de ses 27 ans: le demi de mêlée du Stade Toulousain se lance pour participer aux Jeux!
Un pari immense autant qu'une prise de risque et un nouveau casse-tête pour ses entraîneurs en club et en sélection. Car si les qualités intrinsèques – vitesse, grinta, vision du jeu – du champion de France (2019, 2021, 2023) et d'Europe (2021) collent parfaitement aux caractéristiques de cette version *fast and furious* de l'ovalie, sa présence va automatiquement mettre sur le devant de la scène une équipe peu habituée à la lumière (absente des Jeux de Tokyo, elle a terminé sixième de la dernière Coupe du monde 2022). Cette parenthèse olympique va également chambouler les plans de ses coachs, privés de leur leader le temps que celui-ci participe aux divers stages et compétitions, obligatoires pour valider sa sélection, avec sa nouvelle équipe. Mais les Jeux n'en valent-ils pas la chandelle?

Antoine Dupont lors du match France-Angleterre le 19 mars 2022

東京海上日動
DURAND ELIAS
3

OMARA DURAND

Unis jusqu'au bout

Tremblement de terre sur la planète paralympique, le 25 novembre 2023, à Santiago du Chili: Omara Durand, 32 ans le lendemain, ne sera pas sur la plus haute marche du 400m des VIIe Jeux parapanaméricains. Ni sur aucune autre. Une première depuis… quasiment toujours, puisque le tableau des médailles mondiales de la Cubaine, coureuse internationale depuis 2007, ne se compose que de lignes d'or. Si la sprinteuse T13 (déficience visuelle modérée) puis T12 à partir de 2013 (avec guide) s'est une fois encore aisément imposé sur le tour de piste, elle a eu le malheur de lâcher la lanière qui l'unit à son binôme Yuniol Kindelan… un mètre avant de franchir la ligne! Une infraction au règlement synonyme de disqualification. Dommage, mais pas la fin du monde non plus pour la déjà vainqueure du 100-200m de ces Jeux américains, de 13 autres titres en cinq participations depuis 2007 et de 35 médailles d'or toutes compétitions internationales réunies, dont huit en olympiades (doublé 100-400 en 2012, puis deux triplés 100-200-400 à Rio et Tokyo) qui lui vaut son surnom de «reine des Jeux Paralympiques». Une kyrielle paralympique complétée de onze titres de championne du monde et des trois records du monde dans ses épreuves de prédilection. Citant toujours sa fille comme sa principale source de motivation, Omara Durand n'oublie jamais de souligner le rôle prépondérant de son guide et de sa coach, l'ex-athlète Miriam Ferrer qui lui donne «*la magie, l'alchimie pour mettre tous les efforts qu'il faut pour concourir sur 100m, 200m et 400m*». Ou quand le sprint devient un sport collectif…

Omara Durand et son guide
lors des Jeux Paralympiques
de Tokyo 2020

Pauline Ferrand-Prevot aux Jeux Olympiques de Tokyo 2020

PAULINE FERRAND-PREVOT

L'arc-en-ciel lui va si bien

C'est une bizarrerie qui prouve à quel point, s'il fallait encore le démontrer, les Jeux Olympiques ne sont pas un rendez-vous comme les autres. Et que l'on a beau dominer son sport, rien ne garantit d'y décrocher la victoire, ou même un podium. Pauline Ferrand-Prévot ne le sait que malheureusement trop bien. À 32 ans, la polyvalente cycliste française est quinze fois championne du monde des disciplines (VTT, cyclo-cross, route, gravel) sur lesquelles elle s'aligne depuis quinze ans.

Mais si le maillot arc-en-ciel lui colle à la peau, la médaille olympique lui échappe encore et toujours, à chaque fois (très) loin de sa forme et de ses standards habituels. En 2012, professionnelle depuis seulement un an, la Rémoise vient à Londres pour découvrir et décroche une 8e place pleine d'espoir sur la course en ligne et une 26e place en VTT cross-country. Première Française championne du monde sur route en 2014, dix-neuf après la légendaire Jeannie Longo, elle remporte l'année suivante les titres mondiaux en cyclo-cross et VTT et devient la première cycliste, hommes et femmes confondus, à endosser les trois maillots simultanément. Blessée tout au long de la saison 2016, et le moral en berne, les Jeux de Rio virent au cauchemar. 26e sur route, elle abandonne durant l'épreuve de VTT. À Tokyo, en 2021, c'est cette fois la malchance qui s'en mêle. Uniquement alignée en VTT, elle glisse, puis crève et finit 10e.

Paris 2024 ? Elle y pense chaque jour depuis le lendemain de sa déception japonaise, dit-elle. En septembre 2023, lors du test event organisé sur le parcours d'Élancourt (Yvelines) «*taillé pour [elle]*», Pauline Ferrand-Prévot, en petite forme, a tout de même pris la 3e place. De quoi lui donner de grands espoirs…

Janja Garnbret aux Championnats d'Europe d'escalade en 2022

JANJA GARNBRET

Toujours plus haut

Elle est la reine des grandes premières, et non des moindres. Première championne olympique de l'histoire de la discipline introduite pour la première fois aux Jeux Olympiques à Tokyo, la slovène Janja Garnbret, 24 ans, est déjà l'escaladeuse la plus titrée au monde. En plus de sa victoire olympique en combiné, elle compte dix Coupes du monde depuis 2016 (cinq dans la catégorie difficulté, une en bloc, quatre en combiné), huit couronnes mondiales et quatre européennes sur ces mêmes spécialités – celle de la vitesse étant son seul point faible. Malgré une 14e place à l'issue de cette épreuve au Japon en 2021, Janja Garnbret se qualifie pour la finale en brillant sur ses disciplines favorites (première en bloc, quatrième en difficulté), puis remporte la finale avec les meilleurs scores sur ces deux épreuves.

Dominatrice sur les murs indoor, la grimpeuse est aussi surdouée en extérieur. Trois mois après son titre olympique, elle devient la première femme à gravir « Fish Eye », célèbre voie catalane cotée 8c à vue, récidivant deux jours plus tard avec « American Hustle », autre gros morceau de la même falaise. Deux belles lignes qui garnissent un CV outdoor déjà auréolé d'ascensions remarquables. En décembre 2017, à 18 ans, elle vient à bout de sa première voie du neuvième degré de difficulté (la 19e sur 22 cotations existantes en escalade sportive) sur « Seleccio », et rebelote en janvier suivant avec « La Fabela pa la Enmienda », toujours en Catalogne. Elle est cette fois la deuxième femme à réaliser cet exploit, trois ans après sa compatriote Mina Markovic.

Nul doute que son palmarès ressortira grandit des olympiades de Paris l'été prochain.

ELLA
GIBSON

Ella Gibson lors de la finale des Championnats du monde de tir à l'arc, au Mexique en 2023

Viser la Lune

La Britannique Ella Gibson, 23 ans, se souviendra longtemps de son exceptionnelle saison 2022. Élue meilleure archère de l'année par la World Archery, la spécialiste du tir à poulies depuis ses quinze ans a tout fait pour faciliter le choix des votants. Troisième en janvier du très convoité open de Lancaster, en Pennsylvanie (États-Unis), la vice-championne d'Europe 2021 enchaîne le mois suivant en devenant pour la première fois championne d'Europe indoor avant de confirmer que sa mire est bien réglée en s'imposant par équipes en plein air quatre mois plus tard. En Coupe du monde, elle remporte trois étapes du circuit (Antalya, Paris, Medellin), prend la deuxième place du classement général final et, surtout, signe sa première (très) grande victoire aux Jeux mondiaux en battant en finale la Colombienne Sara Lopez, vingt-deux fois championne du monde en individuel et par équipes !

Disposant d'une salle d'entraînement privé dans l'arrière-boutique du magasin de glace de ses parents, elle continue d'ajuster ce tir de plus en plus redoutable l'année suivante, aux Jeux européens. Battue en finale, elle marque néanmoins les esprits en battant le record du monde (715 points) en qualifications, améliorant de deux points la marque précédemment détenue par Sara Lopez. Passée à côté des championnats du monde 2023, elle revient sur le devant de la scène en tournoi, début 2024, prenant trois fois la deuxième place au Lancaster Classic, au Vegas Shoot puis en finale des World Series indoor.

Aurélien Giraud
aux Jeux Olympiques
de Tokyo 2020

AURÉLIEN GIRAUD

Roulez, jeunesse !

En 2003, Aurélien Giraud, 5 ans, monte pour la première fois sur une planche à roulettes au skatepark de Gerland, à Lyon. Et vingt ans plus tard, sur la plus haute marche des championnats du monde de skateboard street, aux Émirats arabes unis. Dans l'intervalle, l'ADN de ce loisir inventé par des surfeurs californiens en manque de vagues dans les années 1950 a profondément muté. Passion d'adolescents rebelles et d'icônes *destroy*, le skate est aujourd'hui un « vrai » sport, notamment depuis son apparition aux Jeux Olympiques de Tokyo, décidée en 2016 par le Comité d'organisation de Tokyo avec l'accord du Comité International Olympique. Vainqueur en 2019 de l'étape de Long Beach du Dew Tour, prestigieux circuit sur lequel s'affrontent les meilleurs riders au monde, le Lyonnais arrive au Japon deux ans plus tard avec de grosses ambitions. Résultat : une 6e place que lui-même juge « décevante ». Depuis 2022, ce grand fan de sport (il pratique aussi le golf et le wakeboard après avoir tâté du motocross et du snowboard) enchaîne les prestations de haut vol et cumule les titres majeurs. Champion de France pour la seconde fois après le titre de 2019, vainqueur du FISE (Festival international des sports extrêmes), et deuxième du World Street Skateboarding – une performance qui lui offre son ticket pour Paris 2024. Puis Aurélien Giraud devient donc champion du monde l'année suivante grâce à un hardflip revert de légende. Retenez bien le nom de cette figure, car s'il la réussit à Paris cet été, le skateur français aura certainement un pied sur le podium. Et peut-être bien sur la plus haute des marches…

Jefferson Gonçalves lors des Jeux Paralympiques de Tokyo 2020

JEFFERSON GONÇALVES

Le Pelé du Cécifoot

Dans un pays où le football prend parfois les allures d'une religion, le Brésilien Jefferson da Conceiçao Gonçalves, dit Jefinho, fait figure de véritable apôtre du cécifoot. Entrée en sélection à l'âge de 17 ans, il est déjà là en 2008, à Pékin, pour le deuxième tournoi de foot à cinq de l'histoire des Jeux Paralympiques. Le jeune homme y dispute ses premiers Jeux sous les couleurs auriverde. Et dès son premier match, le gamin montre la voie à ses coéquipiers en ouvrant le score contre la Corée du Sud. Deux jours plus tard contre l'Espagne, il inscrit le seul but de la rencontre. Un but précieux sans lequel les Brésiliens n'auraient pas accédé à la finale du tournoi, qu'ils remportent 2-1 face à la Chine. Une équipe chinoise qu'il recroise à Londres en 2012, lors d'un dernier match de poule couperet. Au coude-à-coude pour la qualification, le vainqueur de la rencontre sera qualifié pour les demi-finales. Et là encore, Jefinho propulse son équipe dans le dernier carré en inscrivant le seul but de la rencontre. Et s'il ne retrouve pas le chemin des filets par la suite, il repart toutefois de Londres avec une deuxième médaille d'or et termine en tête du classement des buteurs avec trois réalisations. Pour ses troisièmes Jeux à Rio, Jefinho est de nouveau le bourreau de la sélection chinoise : en demi-finale, alors que le Brésil est mené 1 à 0, il inscrit un doublé historique. Pour la troisième fois consécutive, Jefinho a l'occasion de se parer d'or. Une opportunité que ne manquent pas les Brésiliens. À domicile, ils s'adjugent l'or pour la quatrième fois. Rebelote cinq ans plus tard au Japon. Cet été à Paris, « Paralympic Pelé », comme on le surnomme au pays, disputera à 35 ans ses cinquièmes Jeux. Avec la possibilité de remporter une cinquième médaille d'or, une performance jamais réalisée en sport collectif.

LÉNA GRANDVEAU

Symbole d'une génération

Léna Grandveau en finale du championnat du monde de handball en 2023

C'est en décembre 2023, à l'occasion du championnat du monde de handball féminin, que la cadette de l'équipe de France Léna Grandveau s'est fait un nom sur la scène internationale. Lors de la finale, elle inscrit les quatre derniers buts de la troupe emmenée par Olivier Krumboltz, permettant au hand féminin de décrocher un troisième sacre mondial (après 2003 et 2017) contre les grandes rivales norvégiennes, sidérées par un tel dénouement. Du haut de ses 21 ans et malgré une faible expérience de pareils rendez-vous, la demi-centre des Neptunes de Nantes n'a pas tremblé et s'est ainsi offert son premier titre majeur sous le maillot de l'équipe de France. Pourtant, au moment de fouler le parquet, la jeune femme n'honore que sa cinquième sélection… et n'a jamais inscrit le moindre but ! Restée muette lors de ses quatre premières capes en Bleues, c'est le moment que la native de Beaune (Côte-d'Or) choisit pour ouvrir son compteur. Et on connaît la suite…

Nul doute que l'emblématique sélectionneur saura se souvenir de ce rôle de super-joker rempli à merveille par la jeune femme et comptera sur elle pour prendre part au tournoi olympique. Car à Paris, les Françaises arriveront dans la peau des favorites et, pour la première fois dans celle des championnes olympiques, ayant décroché l'or à Tokyo à la surprise générale il y a trois ans. Un statut que la génération emmenée par sa capitaine Estelle Nze Minko aura à cœur d'assumer et montrer la voie à la suivante. Symbole de cette génération guidée par les triomphes de leurs aînées, Léna Grandveau sera là pour continuer à apprendre. Et apporter sa pierre à l'édifice, le moment venu.

JIMMY GRESSIER

Jouer les trouble-fêtes

Jimmy Gressier lors des Championnats du monde d'athlétisme à Budapest, en 2023

Dommage que le cross-country ne figure pas au programme des Jeux Olympiques. Car comme en 1924, lorsque la France monta sur la troisième place de l'épreuve par équipe, les Tricolores auraient pu jouer les trouble-fêtes derrière les pays africains (Kenya, Éthiopie, Ougandais). Médaillé de bronze aux championnats d'Europe 2021 en individuel et vainqueur par équipes avec Hugo Hay et Yann Schrub (champion d'Europe 2023), le coureur polyvalent Jimmy Gressier, 26 ans, aurait à n'en pas douter jouer un grand rôle dans ce relais. Cet été, sur la piste du Stade de France, le détenteur du record d'Europe du 5km sur route jouera sa carte sur 5000m, comme toujours à fond, avec le secret espoir de venir titiller les meilleurs mondiaux, déjà côtoyés aux Jeux Olympiques de Tokyo en 2021 (13e) ou lors des derniers championnats du monde à Budapest l'an dernier (9e).

Au Japon, il y a trois ans, au terme d'une course lente, l'ancien footballeur de l'équipe de France universitaire – il est deux fois champion de France – avait franchi la ligne treize secondes après Joshua Cheptegei, vainqueur en 12'58". Soit trois secondes de plus que le record de France de France (12'55"09) établi par Jimmy Gressier en juillet 2023, au meeting de Monaco, effaçant le vieux chrono établi par Ismail Sghyr il y a… vingt-trois ans. Cela fait-il du champion de France en titre un médaillable en puissance ? Cela paraît difficile, vu la densité du haut niveau mondial. Un top 8 semble plus dans ses cordes. Mais sait-on jamais…

Mathilde Gros aux Championnats du monde de cyclisme à Glasgow, en 2023

MATHILDE GROS

L'héritière inattendue

Avec Mathilde Gros, le cyclisme sur piste féminin français tient peut-être enfin la successeuse de Félicia Ballanger ! Un héritage auquel la jeune femme n'était pourtant pas du tout destinée puisqu'elle rêvait de devenir basketteuse de haut-niveau. Et semblait même bien parti pour y parvenir puisqu'en 2012, à l'âge de 13 ans et après une dizaine d'années à arpenter les parquets avec son club de Salon-de-Provence, elle intègre le Pôle espoirs d'Aix-en-Provence. Un événement qui va finalement changer la vie de la jeune adolescente puisque c'est là qu'elle va débuter avec le vélo une histoire tout à fait fortuite. À la faveur d'une démonstration d'un vélo d'intérieur équipé de capteur de puissance, la jeune femme va littéralement bluffer le préparateur physique du Pôle France de BMX venu présenter la machine. Ses performances sur l'appareil sont tout simplement époustouflantes et tapent dans l'œil de la fédération française de cyclisme qui la convoque à Paris pour lui proposer d'intégrer le Pôle espoir cyclisme.

Si elle tergiverse, c'est que la proposition ne l'attire guère, comme elle le concèdera quelques années plus tard en des termes sans équivoque : « *Je n'aimais pas tellement le vélo. Petite, j'avais fait une sortie VTT avec mon père et ça s'était très mal passé.* » Ajoutant même qu'« *aller au lycée à vélo, c'était déjà assez compliqué pour [elle]* ». Pourtant, elle va finalement acceptée la proposition de la FFC et, à la rentrée 2014, elle quitte le sud-est qui l'a vu grandir pour la capitale. Débute alors une carrière qui démarre en boulet de canon : pourtant cadette, elle surclasse les juniors aux championnats de France 2015. Dès l'année suivante, elle fait son entrée dans la cour des grandes et créé la sensation : en 3 ans, elle rafle 7 titres de championne de France et un titre de championne d'Europe sur le keirin – qu'elle remportera à nouveau en 2019. Peinant par la suite à confirmer au niveau mondial, elle est de retour en 2022 en étant sacrée championne du monde à la vitesse individuelle. Un sacre qui échappait aux pistardes françaises depuis 23 ans et le titre mondial de Félicia Ballanger…

Bonnie Gustin lors des championnats du monde para d'haltérophilie à Mexico, en 2017

BONNIE GUSTIN

À bout de bras

Il l'avait promis à son père: «*Un jour, je serai champion du monde et champion paralympique d'haltérophilie!*» Eh bien c'est chose faite depuis les Jeux Paralympiques de Tokyo 2020. Et il n'aura pas trainé, le para-haltérophile malaisien. Dès sa première participation à la grand-messe mondiale du sport, le fiston aura ramené l'or à la maison (deux ans après avoir rempli la première partie de sa promesse, puisqu'il était devenu champion du monde en 2019). Une performance d'autant plus remarquables que le Malaisien, 22 ans à l'époque, a battu le record paralympique dans la catégorie des -72kgs en soulevant une barre de 228kgs! S'il n'en menait pas large et ressentait une certaine tension après avoir vu ses rivaux réaliser des performances exceptionnelles, il a su se concentrer pour dépasser ce stress et transformer cela en énergie positive: «*Une fois que j'ai réussi mon premier lift, je suis devenu agressif et fort pour mes poussées suivantes.*»

Doté de qualités physiques exceptionnelles, il dispose également d'un mental à toute épreuve qui fait l'admiration de son entraîneur Jamil Adam: «*Bonnie est toujours motivé pour remporter la médaille d'or. Et il s'y lance sans crainte; il est très fort et résilient, ce qui le rend unique.*» Premier sportif malaisien à gagner une médaille d'or, il fait la fierté et le bonheur de son paternel, ancien haltérophile ayant disputé avec moins de succès les championnats du monde 2010 à Kuala Lumpur et qui a projeté tous ses espoirs sur son fils, comme le reconnaît Bonnie: «*Il rêvait que je devienne champion paralympique et mondial. J'ai fait la promesse de réaliser son rêve. Je suis très heureux de pouvoir le lui faire vivre.*» Un rêve devenu réalité, qui pourrait bien reprendre vie cet été à Paris.

ALEXIS HANQUINQUANT

Recadrer les choses

Alexis Hanquinquant aux Championnats d'Europe de Paratriathlon en 2022

Il était maçon carreleur et après quinze ans de basket, tout juste sacré champion de France 2010 de full-contact chez les moins de 86kg. Il avait 24 ans, l'équipe de France l'accueillera bientôt en sélection et des combats européens sont dans les tiroirs. Puis le 5 août 2010, la vie d'Alexis Hanquinquant bascule sur un chantier, en Normandie. Un engin lui broie la jambe droite. Après des dizaines d'opération au CHU de Rouen, sa jambe est sauvée. Le croit-on. Trois ans plus tard, parce qu'elle le gêne au quotidien, il se décide à l'amputation, étrangement convaincu que ce choix difficile déclenchera un nouveau départ. Bien vu.

En 2015, à peine remis de sa convalescence et pas encore habitué à sa nouvelle vie, Alexis Hanquinquant se met au triathlon – «*le sport le plus difficile pour prouver que je n'étais pas encore bon à mettre à la poubelle*» – et participe un an plus tard au championnat de France handisport où il terminera deuxième. Repéré par le responsable de l'équipe de France, le potentiel du désormais salarié en prévention santé-sécurité est dès lors poli par un entraîneur, un kiné, un prothésiste. Pari gagné. Depuis 2017, Alexis Hanquinquant est six fois champion de France, d'Europe et du monde PTS4. Champion paralympique à Tokyo, le para triathlète de 38 ans s'impose aussi parfois face aux valides, comme au triathlon de Deauville en 2022 (1500 participants), histoire de «*recadrer les choses*» et clouer le bec à ces ânes bâtés lui soufflant parfois qu'il n'est pas bien compliqué de gagner une course paralympique «*quand il n'y a que dix participants sur la ligne de départ*».

Sifan Hassan
aux Jeux Olympiques
de Tokyo 2020

SIFAN

HASSAN

La quête du triplé

Aux Jeux de Tokyo, il y a trois ans, la Néerlandaise d'origine Éthiopienne Sifan Hassan n'est pas passé loin de réaliser un triplé inédit dans l'histoire des Jeux Olympiques: engagée sur 1500m, 5000m et 10000m, l'actuelle détentrice du record d'Europe sur ces trois distances n'aura échoué dans sa quête pour deux petites secondes, devancée par la Kényane Faith Kipyegon et la Britannique Laura Muir, devant ainsi se contenter d'une médaille de bronze. Une finale à laquelle Sifan Hassan aurait bien pu ne pas prendre part: en séries, la Néerlandaise, naturalisée en 2013, chute à l'entame du dernier tour. Puisant dans ses forces, la double championne du monde en titre du 5000m et du 10000m se relève, raccroche le peloton de ses concurrentes, qu'elle remonte, pour finalement terminer première de sa série. Quelle athlète!

À Paris cet été, la trentenaire pourrait bien tenter de relever un nouveau défi: après avoir remporté le marathon de Londres en avril 2023, pour sa première participation sur la distance mythique, son entraîneur avait alors laissé entendre que la fondeuse envisageait de laisser tomber le 1500m pour s'attaquer au triplé inédit d'un certain Emil Zatopek qui, en 1952 aux Jeux d'Helsinki, s'était imposé sur le 5000m, le 10000m et le marathon. Un exploit inédit qu'aucun athlète n'a depuis réitéré.

À l'issue de sa victoire à Londres, la jeune femme avait ainsi confié à la presse: «*Je veux faire des marathons, mais je veux vraiment rester sur la piste également. J'aime la piste, cela ne change rien à cela. Je suis quelqu'un qui veut tout et veut être partout.*» Une soif de titres que la coureuse licenciée à l'Eindhoven Atletiek pourrait peiner à épancher. En témoignent ses dernières performances aux championnats du monde à Budapest en août dernier, d'où elle n'avait ramené «que» l'argent (5000m) et le bronze (1500m) et une 11e place sur le 10000m. Mais nul doute que pour cette championne hors norme, ces revers, somme toute relatifs, seront l'occasion pour elle de se réinventer, avec en ligne de mire la défense de ses deux titres olympiques et la perspective d'égaler la légende tchèque Zatopek.

JAYDON

HIBBERT

Le prodige du Triple Saut

Jaydon Hibbert lors d'une compétition universitaire le 9 juin 2023 à Austin, Texas

Attention, pépite! Symbole d'un athlétisme mondialisé qui ne cantonne plus une discipline à un pays ou un continent, Jaydon Hibbert, 18 ans, est un athlète jamaïcain qui court très vite, mais pas pour franchir la ligne d'arrivée du 100m ou du 200m comme ses glorieux prédécesseurs du sprint made in Kingston (Usain Bolt, Asafa Powell, Shelly-Ann Fraser-Pryce...). Spécialiste du triple saut enrôlé en 2022 par l'université d'Arkansas (États-Unis), Jaydon Hibbert est un phénomène de précocité. En 2021, aux championnats d'Amérique des moins de 18 ans, le Jamaïquain remporte son premier titre international et marque déjà les esprits avec un bond à 16,02m. Un mois plus tard, aux championnats du monde U20, face à des adversaires de trois ans plus âgés, il décroche l'argent en battant son record personnel (16,05m). Puis c'est l'envol, en 2022, dans tous les sens du terme. Champion national puis dépassant pour la première fois les 17m (17,05m) aux Jeux caribéens en juin, Jaydon Hibbert devient champion du monde junior deux mois plus tard en atterrissant 17,27 mètres après la planche. L'année suivante, nouveau bond en avant: en mars, il bat une première fois le vieux record du monde junior (1985) avec un bond à 17,54m qui lui aurait offert le bronze olympique à Tokyo. Puis le 13 mai, à Baton Rouge, porte sa marque à 17,87m, soit un centimètre de mieux que le médaillé d'or olympique 2016, Christian Taylor. Des marques et des comparaisons qui ne présagent évidemment d'aucune garantie, mais laisse entrevoir le potentiel du treizième meilleur performeur de tous les temps en vue de son premier grand rendez-vous international, aux Jeux de Paris. Un saut... dans l'inconnu.

Grant Holloway
aux Jeux Olympiques
de Tokyo 2020

GRANT HOLLOWAY

Le plus Grant ?

À son entrée à la fac, Grant Holloway préfère l'athlétisme à l'université de Floride au football américain à Georgia. Au regard de son palmarès, on peut dire que le choix fut le bon. Toutefois, la discipline pour laquelle il allait devoir s'investir n'était pas encore clairement définie: car sous les couleurs des Florida Gators, Holloway ne brille pas que sur les haies. Doté d'une polyvalence rare, il concourt également sur 4x100m, 4x400m et au saut en longueur. Malgré des résultats encourageants, le jeune homme tranche finalement pour les haies quand vient l'heure de se lancer sur le circuit senior. Nouveau choix judicieux.

À 27 ans, il est déjà triple champion du monde du 110m haies et vice-champion olympique en titre, double champion du monde en salle sur 60m haies (2021 et 2023). En février de cette année olympique, il bat le record du monde du 60m haies établi 27 ans plus tôt par une légende de la discipline, le Britannique Colin Jackson – record qu'il abaisse à nouveau le 16 février 2024 (7"27). Puis est à un bout de chaussure de s'offrir celui de son compatriote Aries Merritt sur 110m haies.

Logiquement favori à Tokyo, il est surpris par Hansle Parchment alors qu'il est en tête jusqu'à la dernière haie. N'ayant pas su contenir le retour du Jamaicaïn, Holloway se contente de la seconde marche du podium. Cette année encore, l'Américain arrivera aux Jeux dans la peau du favori. Au sommet de sa forme, il devra tout donner pour l'emporter. Auquel cas, Grant Holloway pourrait bien s'offrir en plus d'une médaille d'or un nouveau record du monde.

JAKOB

INGEBRIGTSEN

Le prodige norvégien

Qu'on ne s'y trompe pas: Jakob Ingebrigtsen est un phénomène et a tout d'un grand, d'un très grand champion… Jugez plutôt: à seulement 23 ans, le spécialiste du demi-fond norvégien affiche en effet un palmarès digne d'un vieux briscard de la piste et impressionne par sa précocité: déjà champion olympique du 1500m à Tokyo, il est aussi double champion du monde du 5000m (2022 et 2023), quadruple champion d'Europe (deux fois sur ses deux distances de prédilection), quintuple champion d'Europe en salle et double champion du monde de cross-country! Ce à quoi s'ajoutent deux Ligues de diamants et le prestigieux record olympique du 1500m, établi à Tokyo en 2021. Le tout en seulement cinq ans! Effrayant!

Autant de titres qui laissent à penser que le longiligne scandinave a tout pour devenir un roi de la piste et confirmer l'été prochain un règne absolu sur le demi-fond mondial pour la prochaine décennie. Mais attention: chez les hommes, dans la longue histoire des Jeux, un seul athlète a su conserver son titre sur l'exigeante épreuve qu'est le 1500m, le Britannique Sebastian Coe. Attendu comme le grand favori sur cette distance, Ingebrigtsen devrait être un concurrent plus que sérieux à sa propre succession. D'autant que le jeune homme semble décidé à ne pas éparpiller ses forces: en faisant l'impasse sur le 5000m, il se consacre pleinement à la défense de son titre. Et peut-être que, dans un coin de sa tête, le Norvégien songe à faire tomber le record du monde de la distance détenu par le Marocain Hicham El-Guerrouj depuis 1998.

Jakob Ingebrigtsen aux Jeux Olympiques de Tokyo 2020

SHERICKA

JACKSON

Toujours plus vite

Depuis son premier titre mondial sur 200m obtenu à Eugene (États-Unis) en 2022, la sprinteuse jamaïcaine Shericka Jackson est quasiment intouchable sur la distance: première de la Diamond League (2022 et 2023) et championne du monde à Budapest, celle qui a commencé par le 400m semble avoir trouvé son rythme de croisière. Sur la piste du Centre national d'athlétisme de la capitale magyare, elle manque de faire tomber le mythique record de Florence Griffith-Joyner pour 7/100e, signant ainsi la deuxième meilleure performance mondiale de tous les temps en 21"41, record des championnats du monde.

C'est en 2018 que Jackson se révèle sur des distances plus courtes. Soucieuse de travailler sa vitesse, elle profite de cette saison sans compétition internationale pour descendre sur 100m et 200m. Et rapidement, montre des dispositions qui laissent entrevoir un nouvelle orientation à sa carrière. Pourtant, à Tokyo, elle est éliminée dès les séries du 200m. Ce n'est que l'année suivante, en 2022, que son talent sur la distance explose: lors des championnats de Jamaïque, elle signe la troisième meilleure performance mondiale de tous les temps en 21"55. Un temps qu'elle améliore quelques semaines plus tard à Eugene (21"45). S'il est déjà bien fourni, le palmarès de la Caribéenne souffre toutefois d'un manque qu'elle aimerait combler. En effet, malgré une médaille d'or en relais 4x100m décrochée à Tokyo, après l'argent à Rio en 2016 sur le 4x400m, et deux médailles de bronze (100m à Tokyo et 400m à Rio), la jeune femme reste en quête d'un sacre en solitaire. Attendue comme la grandissime favorite du demi-tour de piste, à 30 ans, l'athlète, pur produit de l'école du sprint jamaïcain, pourrait donc faire de Paris 2024 l'aboutissement d'une carrière déjà bien remplie. Et pourquoi pas battre un record du monde vieux de 36 ans.

Shericka Jackson aux Jeux Olympiques de Tokyo 2020

LeBron James aux Jeux Olympiques de Londres 2012

LEBRON JAMES

Quel revival pour le King ?

Déjà là en 2004, Lebron James a commencé son histoire avec les Jeux par la (somme toute relative) débâcle du Team USA aux Jeux d'Athènes, où lui et ses compatriotes n'avaient ramené de Grèce qu'une médaille de bronze, ce qui n'avait pas du tout plu aux Américains. Quatre ans plus tard, à Pékin, il avait su racheter l'honneur bafoué des siens et contribué à emmener au titre olympique celle qui fut baptisée la Redeem Team (l'équipe de la rédemption). Quatre ans plus tard à Londres, il fut le grand artisan de la victoire des États-Unis, réalisant notamment un historique triple-double (11 points, 14 rebonds et 12 passes décisives) lors du quart de finale contre l'Australie, ce qu'aucun basketteur US n'avait jamais réalisé, pas même l'immense Michael Jordan, et que seul le Soviétique Aleksandr Belov était parvenu à faire (23-14-10) dans le tournoi olympique.

Faisant l'impasse sur les Jeux de Rio en 2016 et ceux de Tokyo en 2021, on croyait son aventure olympique terminée. Mais à la surprise générale le joueur des Lakers a affirmé à l'automne dernier vouloir venir à Paris. Fort de son leadership, il a même annoncé avoir pris contact avec Stephen Curry et Kevin Durant. Dans le sillage de ces trois superstars de la NBA, Kawhi Leonard, Devin Booker, Jaylen Brown, Donovan Mitchell ou encore Anthony Davis ont eux aussi fait connaître leur envie d'en être… De quoi faire saliver les amateurs du ballon orange, qui voient là prendre forme une véritable dream team, proche de la célèbre équipe de 1992 emmenée par Michael Jordan et Magic Johnson. Une équipe de rêve pour le King qui n'a pas tari d'éloges à propos de l'effectif: «*Vu la qualité des joueurs que nous pourrions avoir, je ne pense pas que ce serait une débauche physique trop importante. (…) Je n'aurais pas à en faire trop. Un peu de rebonds, de passes, de défense, aller contrer quelques shoots, vous voyez…*» Attention toutefois à ne pas faire preuve de suffisance, une attitude qui avait valu à l'équipe de 2004 un torrent de critiques… LeBron en sait quelque chose.

Marine Johannès
aux Jeux Olympiques
de Tokyo 2020

MARINE JOHANNÈS

Le petit Mozart du basket français

Pour bien comprendre à quelle hauteur se situe le talent supérieur et inné de la basketteuse française Marine Johannès, il suffit d'écouter le dithyrambique Romain L'Hermitte, l'entraîneur de ses débuts chez les professionnels, à l'USO Mondeville (2011-2016), qui compare l'arrière à la star NBA Stephen Curry: «*Ils ont le même style de jeu, Marine joue comme un garçon. Il n'y a pas son équivalent en France, même en Pro A chez les hommes. Même s'ils sont plus physiques, personne n'est capable de prendre des tirs comme elle. Marine ne fait pas le même basket que les autres. Quand elle joue, c'est de l'art. Elle a une aisance incroyable avec un ballon. C'est le petit Mozart du basket français, elle récite des mélodies.*»

Formidable joueuse offensive portée par un QI basket hors-norme et une redoutable et redoutée adresse au tir, Marion Johannès, 29 ans, a complété son bagage défensif au fil de sa carrière pour aujourd'hui s'affirmer comme l'une des meilleures joueuses au monde. La serial shooteuse passée par Bourges (2016-2019 – trois Coupes et un championnat de France) partage aujourd'hui son temps entre deux clubs, à Lyon ASVEL et au Liberty de New, au sein de la WNBA, la meilleure ligue au monde. Deux clubs avec lesquels Marine Johannès a accompli une année 2023 stratosphérique en réalisant le doublé championnat de France-Eurocoupe avec le club du propriétaire Tony Parker avant de remporter le titre WNBA au bout d'une finale qu'elle termine meilleure marqueuse. Trois fois vice-championne d'Europe avec l'équipe de France (2017, 2019, 2021) et médaillée de bronze aux Jeux Olympiques de Tokyo, elle sera l'atout majeur des Bleues en quête de leur premier grand titre mondial en dehors du Vieux Continent.

FLEUR
JONG

Dans la fleur de l'âge

A l'âge de 18 ans, Fleur Jong découvre le handisport. Rapidement conquise, elle se spécialise très vite dans les épreuves de sprint (100 et 200m). Quelques mois après ses débuts, elle s'entraîne avec l'équipe paralympique. Médaillée de bronze sur 200m (T44) aux Mondiaux 2015, la sprinteuse passe en T62 avec la refonte des catégories paralympiques décidée en 2018. En progrès constant, elle complète sa panoplie d'athlète avec le saut en longueur. «*Ça me semblait si dangereux… mais finalement, j'ai essayé et j'ai adoré. Je ne peux plus vivre sans cette discipline. Le sprint est mon premier amour, le saut est mon nouvel amour.*» Une excellente décision.

En 2021, elle devient la première athlète de sa catégorie à sauter au-delà des six mètres (6,02m). Mieux, elle empile les titres. Championne d'Europe 2021 du 100m et de la longueur, Fleur Jong bondit à 6,16m et décroche l'or aux Jeux Paralympiques de Tokyo 2020. Des succès qu'elle confirme aux championnats du monde de para athlétisme 2023 disputés à Paris (victoire sur 100m et à la longueur), deux mois avant de pulvériser son record du monde (6,74m!) lors d'un concours de la Ligue de diamant disputé en commun avec les valides. Avec une progression aussi éblouissante que la sienne, ce n'est plus qu'une question de temps pour qu'elle devienne la première para athlète à dépasser les 7m. Et si cette barrière symbolique était franchie à l'été 2024?

Fleur Jong lors de la Ligue de Diamant à Bruxelles en 2023

NIKOLA KARABATIC

Un quadruplé comme ultime défi

Déjà quadruple champion du monde et quadruple champion d'Europe, le handballeur français Nikola Karabatic arrivera à Paris l'été prochain pour disputer ses 6e Jeux Olympiques avec un ultime défi sans précédent dans l'histoire du hand: décrocher sa quatrième médaille d'or olympique et ainsi réaliser un triple-quatre inédit – quatre médailles d'or dans les 3 compétitions majeures. Mais quel que soit le résultat de ce tournoi à domicile, à l'issue duquel il tirera sa révérence après 22 ans d'une carrière hors-norme jalonnée de 71 titres (clubs et sélection cumulé), la carrière de ce fils de handballeur international yougoslave restera au Panthéon du sport hexagonal. Et en cas de succès, ce dernier sacre placerait définitivement l'arrière de l'équipe de France au sommet du handball mondial, lui qui en est déjà le joueur le plus titré de tous les temps.
Débarqué en équipe de France en 2002 à seulement 18 ans, il dispute ses premiers Jeux à Athènes en 2004. Quatre ans plus tard, il est l'un des grands artisans du premier sacre olympique du handball français, revenant de Pékin avec le titre de meilleur buteur de la compétition. S'en suivront trois autres participations (2012, 2016 et 2020) pour autant de finales et deux titres supplémentaires. À 39 ans, après 22 ans en Bleus et fort de plus de 350 sélections, le joueur du Paris-SG apportera toute son expérience aux hommes de Guillaume Gille afin de guider une génération prête à reprendre un flambeau olympique que Nikola Karabatic a contribué à maintenir ardent depuis deux décennies. Une génération qui, à coup sûr, rêve d'offrir à cette emblématique figure tutélaire la plus belle des sorties.

Nikola Karabatic aux Jeux Olympiques de Tokyo 2020

adidas
FRANCE
13

Zakia Khudadadi lors des Jeux Paralympiques de Tokyo 2020

ZAKIA KHUDADADI

Participer est une victoire

Si le sport se doit d'être apolitique, il arrive parfois que la politique s'invite dans les grands rendez-vous internationaux ou dans la vie des athlètes aux dépens de ces derniers. Cela, la para-taekwondoïste afghane Zakia Khudadadi en sait quelque chose. Dans un pays où la condition des femmes reste aujourd'hui encore un sujet d'inquiétude, difficile pour les sportives de s'émanciper du pouvoir politique, surtout lorsque celui-ci fait preuve d'une inflexible intransigeance. Après avoir remporté dans sa catégorie le championnat africain de para-taekwondo en Égypte en 2016, elle est invitée à prendre part aux Jeux de Tokyo. Mais après cinq ans de préparation, la jeune femme est proche de voir son rêve sportif partir en fumée. Chassés du pouvoir depuis plus d'une décennie, les Talibans reprennent Kaboul et la participation de Khudadadi semble compromise. Avec son compatriote Hossain Rassouli, autre représentant afghan, elle parvient à fuir son pays. Accueillis par l'Insep à Paris, les deux athlètes rejoignent finalement Tokyo où ils combattent aux Jeux. Exemptés de conférence de presse et d'interviews, les deux sportifs sont contraints à la discrétion, la faute à un pouvoir qui voit leur fuite d'un mauvais œil. Après une préparation perturbée, les Jeux ne réussissent pas à la jeune femme, où elle essuie deux défaites en autant de combats. Parfois galvaudée, la maxime attribuée à Pierre de Coubertin, le père fondateur des Jeux Olympiques modernes – « Le plus important aux Jeux Olympiques n'est pas de gagner mais de participer, car l'important dans la vie ce n'est point le triomphe mais le combat ; l'essentiel, ce n'est pas d'avoir vaincu mais de s'être bien battu » –, prend ici tout son sens. Au risque de voir sa vie mise en danger par les Talibans, la jeune femme n'a pas renoncé à ses ambitions. Un acte de résistance qu'elle renouvellera à Paris cet été. Peu importe le résultat. Sa présence est déjà une victoire.

ELIUD KIPCHOGE

Abonné à la première place

Et de trois pour une grande première? Déjà double vainqueur du marathon olympique (Rio 2016 et Tokyo 2020), le coureur kenyan Eliud Kipchoge, 39 ans, tentera à Paris de faire mieux que l'Éthiopien Abebe Bikila (1960 et 1964) et l'Allemand Waldemar Cierpinski (1976 et 1980). Un titre qui ferait de lui le plus grand coureur de tous les temps, le summum d'un palmarès hallucinant.

Déjà auréolé de très honorables accessits aux Jeux Olympiques d'Athènes 2004 (3e sur 5000m) et de Pékin 2008 (médaille d'argent sur la même distance dont il fut champion du monde en 2003), Eliud Kipchoge révèle son incroyable talent en passant du stade à la route en 2012 à une époque où la concurrence est d'une densité rare. Une bonne dizaine de coureurs peut s'adjuger n'importe quelle course et le record du monde, qui tombe trois fois en quatre ans, s'approche de la barre mythique des 2 heures.

Le Kenyan va pourtant écœurer tout le monde… Vainqueur de six marathons entre 2013 et le printemps 2016, Eliud Kipchoge confirme son statut de favori le 21 août 2016, à Rio. Jamais rassasié, l'adepte d'un entraînement privilégiant la qualité et l'intensité de ses séances au nombre de kilomètres parcourus, continue d'écraser la concurrence les années suivantes, améliorant en 2018 le record du monde détenu par Dennis Kimetto d'une minute et 18 secondes, la plus grande marge depuis 1967, et devenant par la même occasion le premier homme à descendre sous les 2h2min (2h1min39s). Il bat son propre record en 2022 (2h1min9s – battu de 34 secondes un an plus tard par son compatriote Kelvin Kiptum, tragiquement décédé à 24 ans le 11 février 2024) et remporte pour la cinquième fois le marathon de Berlin en septembre 2023, prouvant qu'il faudra bien compter avec lui à Paris.

Eliud Kipchoge aux Jeux Olympiques de Tokyo 2020

VICTOR KIPLANGAT

Le digne successeur

Encore méconnu du grand public, le marathonien Victor Kiplangat pourrait bien se faire un nom cet été à Paris. Il faut dire qu'à seulement 24 ans, le coureur ougandais n'est qu'un rookie sur la distance, pour la simple et bonne raison que le fondeur d'Afrique de l'Est a commencé sa carrière par la course en montagne. S'il débute en athlétisme par le sprint, il s'oriente rapidement sur les courses de fond. Confirmant son potentiel, il décroche en 2016 l'argent aux championnats du monde juniors en montagne, et s'adjuge le titre l'année suivante chez les seniors devant son compatriote Joel Ayeko qui l'avait battu un an plus tôt. Il n'a alors que 18 ans.

Victor Kiplangat aux championnats du monde d'athlétisme à Budapest en 2023

Après cette victoire prometteuse, le jeune homme s'essaie à la piste mais les résultats sont décevants. Il transite sur la route, mais ce n'est qu'en novembre 2021 que Kiplangat monte sur marathon. Une révélation : dès son premier marathon à Istanbul, il s'impose en 2h10. Non retenu sur la distance pour les championnats du monde 2022 à Eugene, il prend sa revanche aux Jeux du Commonwealth et s'affirme alors comme un futur grand de la discipline. Une victoire qu'il confirme en août 2023 à Budapest où il devient champion du monde, avalant les 42kms195 en 2h08. Il devient alors le deuxième ougandais titré après Stephen Kiprotich, l'athlète qui lui donna l'envie de faire de l'athlétisme… À Paris, Victor disputera ses premiers Jeux Olympiques. En cas de victoire, il deviendrait alors le deuxième ougandais à devenir champion olympique après ce même Stephen Kiprotich. Mais pour cela, le néophyte devra battre le double champion olympique en titre Eliud Kipchoge.

Fait Kipyegon lors des Jeux Olympiques de Tokyo 2020

FAITH KIPYEGON

Seule au monde

Double-championne olympique du 1500m, à l'instar du Britannique Sebastian Coe et de la coureuse Soviétique Tatyana Kazankina, la Kényane Faith Kipyegon abordera les Jeux Olympiques de Paris 2024 avec en ligne de mire un exploit encore jamais réalisé dans l'histoire des Jeux, hommes et femmes confondus, à savoir remporter trois médailles d'or consécutives sur la distance. À 30 ans, la coureuse de la vallée du Rift semble plus en forme que jamais: déjà détentrice du record olympique, qu'elle a établi à Tokyo, elle s'est adjugée le record du monde à l'occasion du Golden Gala disputé sur la piste du Stade olympique de Rome en juin 2023. Quelques semaines plus tard, lors des championnats du monde à Budapest, elle est devenue la première athlète féminine à être sacrée trois fois championne du monde en remportant le 1500m avec une seconde d'avance sur ses rivales. Une première qu'elle a complété quelques jours après en réalisant un nouvel exploit, jusque-là réussi par un seul athlète, l'Américain Bernard Lagat, en parvenant à s'imposer sur 5000m. Un doublé historique que la trentenaire tentera de réitérer aux Jeux Olympiques. Ainsi, Paris 2024 pourrait être l'occasion pour cette fille de paysan kényan de basculer définitivement dans la légende des Jeux. Car en effet, si d'aventure elle parvenait à repartir de Seine-Saint-Denis auréolée de deux nouveaux titres olympiques, elle deviendrait la troisième athlète seulement et la première femme à s'imposer sur le combo 1500-5000 lors d'une même olympiade, rejoignant dans l'histoire des Jeux le Finlandais Paavo Nurmi (1924) et le Marocain Hicham El-Guerrouj (2004).

Bopha Kong (à droite) lors
des Jeux Paralympiques de Tokyo 2020

BOPHA KONG

Le Créateur

En 2010, Bopha Kong, 29 ans, remporte le premier de ses quatre titres de champion du monde de para taekwondo (A8, - 58kg), une performance qu'il réédite en 2015, 2019 et 2021 en K43 - 61kg. Pour le combattant français né au Viet-Nam, c'est l'aboutissement sportif d'une vie qui a basculé en 1999, lorsqu'une bombe artisanale fabriquée par «*des mauvaises fréquentations*» lui explose dans les mains et l'en prive définitivement. Pratiquant la boxe anglaise, le fan des films de Jackie Chan et Jean-Claude Van Damme se tourne vers le taekwondo, un an après l'accident. Et devient un athlète de haut-niveau. S'entraînant trois à quatre heures par jour et complétant sa préparation d'exercices de renforcement musculaire et de séances vidéo, Bopha Kong met les bouchées doubles à l'annonce de l'intégration de son sport aux Jeux Paralympiques de Tokyo 2020. Et tant pis s'il doit s'adapter à la catégorie créée pour l'occasion réunissant des K43 (double amputation) mais aussi des K44 (handicapé d'une main) qui pourront davantage défendre que lui. Le triple champion d'Europe s'y prépare en n'affrontant que des valides à l'entraînement. Au Japon, le Français s'incline au premier tour face à l'Égyptien Elzayat. «*Ce n'est pas ma classification. Mais je le savais, j'ai voulu relever ce challenge,* explique-t-il sans se chercher d'excuses. *Peut-être que j'ai manqué de précision. Je sais que je suis capable d'affronter ces adversaires qui ont leurs mains. Sauf que je n'ai pas fait le nécessaire.*» Également battu en repêchage pour le bronze, le quadragénaire ne rend pas les armes pour autant. Vice-champion d'Europe K44 en 2022, il mettra son expérience à profit pour briller à Paris.

LOTTE KOPECKY

La malchanceuse

Lotte Kopecky aux Jeux Olympiques de Rio 2016

La cycliste belge l'a encore à travers de la gorge, cette médaille en chocolat. Quatrième sur route aux Jeux Olympiques de Tokyo, Lotte Kopecky peste sitôt la ligne d'arrivée franchie. Avec de meilleurs choix tactiques, il y avait la place… Heureusement polyvalente, passant du bitume au parquet de la piste et à la gadoue du cyclo-cross avec la même aisance, la championne belge a l'occasion de tourner la page quelques jours plus tard sur l'anneau olympique. Mais ces premiers Jeux semblent bien être ceux de la poisse. Le 6 août, sur la course à l'américaine disputée avec la bientôt retraitée Jolien D'Hoore, Lotte Kopecky tombe lourdement sur l'épaule après une chute provoquée par une manœuvre hasardeuse d'une Australienne. Quelques tours plus tard, les championnes du monde 2017 assurent mal un relais et c'est cette fois Jolien D'Hoore qui termine au sol. Les Belges terminent dixième. Dernière espoir pour la championne de Belgique: l'omnium (quatre épreuves), dans deux jours. Mais jamais deux sans trois. Victime d'une chute dans le scratch, elle jette l'éponge durant la deuxième épreuve. Son corps lâche (contusion et hématome à la hanche gauche), son moral aussi. Elle quitte la piste en larmes. C'est un lieu commun, mais il faut parfois d'abord beaucoup perdre pour mieux gagner plus tard.

Depuis ses mésaventures japonaises, elle collectionne les titres: championne du monde sur piste (cinq fois en trois ans) et sur route (championne du monde 2023), vainqueure de Strade Bianche en 2022, du Tour des Flandres en 2022 et 2023, deuxième du Tour de France 2023… À Paris, elle se concentrera sur la course en ligne et sur l'omnium, en espérant que la foudre de la malchance ne tombe pas une nouvelle fois sur elle.

CHARLES-ANTOINE KOUAKOU

Le jardinier roi du sprint

Charles-Antoine Koukou aux Championnats du monde de paraathlétisme en 2023

Il a d'abord tâté du cuir sur les terrains de football de Seine-Saint-Denis et enfilé le kimono au judo et au karaté. Mais c'est sur une piste d'athlétisme, à 13 ans, suivant les conseils d'une éducatrice de Drancy, que Charles-Antoine Kouakou va révéler ses qualités physiques naturelles et son plaisir de courir. Rapidement détecté par Sport Toi Bien 93, le jardinier à mi-temps intègre les plans d'entraînement du pôle France à 18 ans, passe six heures par semaine sur le tartan et décroche très vite ses premiers lauriers internationaux.

Champion du monde INAS du 200m et médaillé d'argent sur 400m en 2017, le fan du Paris Saint-Germain, dans lequel il puise une source de motivation à quelques minutes de ses courses, bat le record du monde du demi-anneau (21"89) en finale des Championnats d'Europe indoor de sport adapté, en mai 2021 et se lance dans un défi immense: les Jeux Paralympiques de Tokyo, qui dans sa catégorie T20 ne programme que le 400m. Pas de quoi affoler le sprinter, qui devient champion paralympique du tour de piste et le premier issu de la Fédération française de sport adapté. En prime, un record d'Europe (47"63), le tout avec une aisance et une décontraction qui étonne jusqu'à son entraîneur Vincent Clarico: «*Je ne m'attendais pas à une médaille d'or,* dit l'ex-international valide du 110m haies. *J'ai beaucoup travaillé pour ça, mais en me focalisant sur la personne plutôt que sur la médaille. Je voulais qu'il se sente bien, épanoui. Et c'est comme ça qu'il a brillé.*»

ALEXANDRE LÉAUTÉ

Alexandre Léauté aux Championnat du monde de paracyclisme en 2023

Champion des champions

Neuf titres de champion du monde sur piste de la catégorie C2 (contre la montre, omnium, poursuite, scratch), six autres sur route (quatre en ligne, deux contre-la-montre) depuis 2020. Une médaille d'or (poursuite), une autre d'argent (contre-la-montre) et deux de bronze sur la route aux Jeux Paralympiques de Tokyo 2020. Sans compter les records du monde. Et tout ça à seulement 23 ans. Dévoreur de titres et de médailles, Alexandre Léauté est la grande star du paracyclisme, qu'il débute en compétition à 17 ans après trois années à pédaler en course avec les valides, dans le sillage d'un papa passionné de vélo et rouleur en élite nationale, la meilleure division amateure.

Grand fan de l'ancien biathlète Martin Fourcade, Alexandre Léauté sait qu'il sera attendu sur la piste du vélodrome de Saint-Quentin-en-Yvelines, aux Jeux Paralympiques. «*Déterminé, travailleur et battant*» sur un vélo, lui qui milite contre le harcèlement scolaire est presque trop gentil une fois qu'il en descend, du genre «*à faire des câlins à tout le monde*» et à ne décliner aucune sollicitation. L'été approchant, il va tout de même peu à peu se concentrer sur Paris: «*Plus jeune, je voulais juste m'accrocher aux valides. Mais quand j'ai commencé à goûter à la victoire en handisport, j'ai voulu recommencer. Comme pour les jeux d'argent, je suis accro à la Marseillaise.*»

ALEXIS ET FÉLIX LEBRUN

Les frères prodiges

La France peut difficilement revendiquer le statut de grande nation du tennis de table. Dix-sept fois champion de France en simple de 1966 à 1988 et champion du monde de double mixte en 1981 avec Claude Bergeret, Jacques Secrétin est surtout connu pour avoir posé son nom sur les tables de ping-pong des collèges des années 1990. Et seul Jean-Philippe Gatien, médaillé d'argent aux Jeux Olympiques de Barcelone en 1992, champion du monde l'année suivante et médaillé de bronze en double avec Patrick Chila à Sydney en 2000, possède de notables lignes de palmarès internationales. Trente ans de disette et voilà que tout à coup, ce n'est pas un mais deux as de la balle blanche que la France voit éclore au niveau mondial. Et c'est encore moins banal : ils sont frères !
Alexis et Félix Lebrun, 20 ans et 17 ans, grandissent à Montpellier dans une famille de pongistes – leur père Stéphane fut n°7 français et leur oncle Christophe Legoût triple champion de France en simple et 5e aux JO de Sydney en double (avec Damien Eloi) –, et développent leur talent au pôle Espoir de l'Hérault. L'ascension est rapide. Champion de France en 2022 et en 2023 (face… à son frère), Alexis, 22e joueur mondial, a vu son cadet le dépasser sur la scène internationale. Sixième joueur mondial depuis son deuxième titre sur le circuit WTT, en janvier 2024, Félix Lebrun est le premier « non Chinois » au classement. Et comme le pays leader ne pourra envoyer que deux représentants aux JO, le jeune Français peut légitimement envisager le podium. Et pourquoi pas en compagnie de son frère, transcendé par l'événement ?

Alexis (à gauche) et Felix Lebrun (à droite) lors des WTT Star Contender de Doha, en 2023

LOANA
LECOMTE

Élève appliquée

Loana Lecomte
aux Jeux Olympiques
de Tokyo 2020

Biberonnée au cyclisme par son grand-père, Loana Lecomte, 24 ans, débute le VTT aux Carroz-d'Arâches (Haute-Savoie), une petite station de la vallée de l'Arve, où elle pédale sur les chemins l'été et dévale les pentes à skis l'hiver jusqu'à l'âge 15 ans. C'est alors que les choses sérieuses commencent, puisqu'elle lâche les spatules et roule vers ses premiers titres. Techniquement un cran au-dessus de la moyenne générale et capable « de débrancher le cerveau » pour s'engager tête baissée sur un parcours, tout cela grâce à son pedigree de skieuse, Loana Lecomte gravit très vite les marches des podiums. Double championne de France juniors en 2016 et 2017, de jolis accessits au niveau européen et mondial puis championne du monde espoirs 2020, vainqueure du classement général de la Coupe du monde 2021. Tout va très vite. Trop ? Un peu. Qualifiée pour les Jeux de Tokyo (6e), elle en revient contente de… ne pas avoir ramené de médaille ! « *Trop tôt. Je me serais peut-être perdue.* »

Malgré une fracture de la clavicule en janvier 2022, elle devient championne d'Europe six mois plus tard, avant de craquer mentalement lors du Mondial disputé aux Gets (Haute-Savoie), à domicile. Trop de pression. Trop d'émotions. Elle lâche quelques larmes sur la ligne de départ, ne rentre jamais dans sa course et échoue au pied du podium. Vice-championne du monde en août 2023 derrière Pauline Ferrand-Prévot, « Lolo » remporte le test *event* olympique sur le parcours d'Élancourt un mois plus tard et montre à ses rivales qu'il faudra compter sur elle cet été aux JO. Une belle bataille en perspective.

Katie Ledecky aux Jeux Olympiques de Tokyo 2020

KATIE LEDECKY

L'eau est son domaine réservé

Elle est de cette trempe de championne qui ne perd pas de temps. Et qui pense à juste titre qu'il n'y a pas d'âge pour triompher. Dès ses premiers Jeux à Londres, en 2012, Katie Ledecky, 15 ans, décroche la médaille d'or sur le 800m nage libre. Une précocité qui ne va pas pour autant lui brûler les ailes. Quatre ans plus tard, à Rio, elle confirme son statut de (déjà) légende de la natation. Elle fait plus que gagner, elle règne sans partage sur le demi-fond: 200m, 400m et 800m nage libre, elle dé-croche également l'or au relais 4x200m et l'argent au 4x100m, s'offrant même deux records du monde sur 200m et 400m nage libre. Elle repart de Rio avec cinq médailles, faisant d'elle la deuxième athlète la plus en vue de ces Jeux, derrière un certain Michael Phelps.

Moins dominatrice sur 200m et 400m à Tokyo (respectivement 5ᵉ et 2ᵉ), elle le reste néanmoins à mesure que la distance s'allonge, remportant au Japon son troisième titre d'affilée sur 800m et une septième médaille d'or olympique sur 1500m. À seulement 26 ans, la «vétérane» Ledecky visera un inédit quadruplé sur 800m à Paris, où ses adversaires tenteront de déboulonner l'idole. Prémices de fin de règne ou incident de parcours, la nageuse la plus médaillée de l'histoire des Jeux olympiques a perdu sur sa distance de prédilection en février dernier, pour la première fois depuis douze ans, battue par Summer McIntosh, 17 ans. Phénomène de la natation depuis 2022, la Canadienne sera sur le plot de départ du 200m, 400m, 200m papillon, 400m 4 nages et une cinquième épreuve encore inconnue. Elle hésite entre le 800m et le 200m 4 nages, dont les finales ont lieu le même soir. Le duel potentiel avec Ledecky serait l'un des plus beaux de ces JO.

Avani Lekhara lors des Jeux Paralympiques de Tokyo 2020

AVANI LEKHARA

Du hobby à la médaille

« *Je ne peux pas décrire ce sentiment, j'ai l'impression d'être sur le toit du monde. C'est inexplicable.* » C'est par ces mots que la jeune tireuse indienne Avani Lekhara commentait l'exploit qu'elle venait de réaliser à Tokyo en devenant la première femme à remporter une médaille d'or paralympique pour son pays. Une performance d'autant plus remarquable qu'à seulement 19 ans, elle battait au passage le record paralympique et égalait le record du monde de sa discipline (tir à 10m). Une performance qu'elle complète quelques jours plus tard par une médaille de bronze, au tir à 50m, cette fois. Le tout pour ses premiers Jeux.

Encouragé par son père à pratiquer une discipline sportive, elle s'essaie d'abord au tir à l'arc. Mais c'est une autre discipline qui va révéler l'adolescente. « *Pendant les vacances d'été 2015, mon père m'a emmené au stand de tir. J'ai fait quelques tirs et c'était plutôt correct. Alors j'ai juste commencé comme passe-temps, et me voilà !* » Six ans après avoir commencé le tir qu'elle pratiquait d'abord comme un hobby, la voilà médaillé d'or aux Jeux Paralympiques. Une performance qu'elle va confirmer l'année suivante : en 2022, elle remporte successivement les Jeux Para asiatiques au tir à 10m et s'adjuge deux titres mondiaux (10m et 50m) et une médaille d'argent. Des distinctions qui viennent compléter ses sept titres nationaux. Favorite à sa propre succession cet été à Paris, la jeune Indienne semble lancée pour une longue et prolifique carrière. Un modèle qui pourrait bien inspirer d'autres jeunes femmes de la région.

NOAH LYLES

Un rang à confirmer

Noah Lyles lors des Jeux Olympiques de Tokyo 2020

À seulement 26 ans, l'athlète américain Noah Lyles possède un palmarès qui le place déjà parmi les grands noms de l'histoire du sprint mondial. Triple champion du monde du 200m – à une longueur d'égaler le sprinteur Usain Bolt, détenteur de quatre titres mondiaux sur la distance –, il est également le troisième homme le plus rapide de tous les temps sur le demi-tour de piste derrière les Jamaïcains Bolt et Blake. Une performance réalisée à l'été 2022. Ce jour-là, en bouclant sa course en 19"31, le natif de Gainesville (Floride) a effacé des tablettes un illustre prédécesseur, le sprinteur Michael Johnson, qui avait établi le record des États-Unis aux Jeux d'Atlanta en 1996... Triple champion du monde en août dernier aux championnats du monde à Budapest, la figure montante du sprint américain arrivera donc à Paris l'été prochain dans la peau de l'homme à battre. Un statut de favori qu'il va devoir assumer. Et s'il affiche certes un palmarès mondial conséquent, sa renommée n'a pas (encore?) franchi les frontières de son sport... Car, en athlétisme comme en d'autres disciplines, ce sont les Jeux qui forgent les légendes et font passer les sportifs du rang de champions à celui d'icônes populaires. Et en la matière, force est de constater que Lyles n'a pas encore écrit la sienne. Après des Jeux de Tokyo mitigés, desquels il était revenu avec une honorable médaille de bronze, le sprinteur américain se doit maintenant de franchir un palier et faire des Jeux de Paris 2024 le théâtre de son explosion aux yeux du monde. L'occasion pour lui de graver son patronyme dans l'histoire de l'olympisme et de s'y faire une place aux côtés des plus grands noms du sprint.

LÉON MARCHAND

Le nouveau phénomène des bassins

Le nageur français Léon Marchand n'aime pas perdre son temps. Double champion du monde 2022 (200m 4 nages et 400m 4 nages) à seulement 20 ans, le Toulousain conserve ses deux titres l'année suivante et ajoute le 200m papillon à son palmarès. Au passage, il dépossède la légende et idole Michael Phelps de son record du monde du 400m 4 nages établi en 2008 et devient le Français le plus titré aux Mondiaux devant Camille Lacourt.
Évidemment grande star annoncée des Jeux Olympiques de Paris 2024, Léon Marchand a d'abord pris son temps avant de briller dans les bassins. Et a longtemps laissé croire qu'être fils d'un nageur vice-champion du monde (200m 4 nages, en 1998) et d'une multi-championne de France également olympienne ne prédestinait pas à un avenir de champion. «*J'ai commencé à sept ans, mais j'étais gringalet, j'avais trop froid dans l'eau et j'ai arrêté un ou deux ans. Il n'y avait plus que pendant les vacances que je prenais du plaisir dans l'eau*», expliquera ce jeune homme réservé. Bon nageur sur les distances courtes mais pas le meilleur de sa génération, techniquement à l'aise dans tous les styles de nage et capable de longs efforts, son talent et sa passion explosent en 2017 lorsqu'il s'essaie au 400m 4 nages. Six fois champion de France entre 2019 et 2021 – et à cinq reprises à Rennes en 2023 –, Léon Marchand participe à ses premiers Jeux Olympiques à Tokyo cette année-là (6e en finale du 400m 4 nages). Pour découvrir. Puis s'exile en Arizona auprès du coach Bob Bowman, ancien mentor d'un certain… Michael Phelps. Cette fois, c'est pour apprendre à gagner.

Leon Marchand aux Championnats du monde de Fukuoka, en 2023

TYR
FRA
MARCHAND

Bradesco
Rio2016
PARALYMPIC GAMES

SANDRINE

MARTINET

La dure au mal

Mal-voyante, Sandrine Martinet débute le judo à l'âge de 9 ans à la SVLJ de Vincennes. En difficulté scolaire, elle y fait une grande découverte : la réussite. Puis elle participe à sa première compétition handisport en junior, en Allemagne, où elle s'incline en finale face à une future championne paralympique. Après avoir validé un bac scientifique, l'étudiante en biologie se consacre à fond au judo et remporte ses premiers championnats de France, puis rejoint la sélection nationale et goûte aux Mondiaux, en 2002. Deux ans plus tard, aux Jeux Paralympiques d'Athènes qui sont les premiers à accueillir les judokates, Sandrine Martinet, 22 ans, décroche l'argent. Rebelote à Pékin quatre ans plus tard. Favorite à Londres en 2012, la Française diplômée en kinésithérapie se fracture la malléole en plein combat lors de la demi-finale. Mais hors de question d'abandonner malgré cette cheville brisée. Vaincue, elle quitte le tatami en larmes et donne rendez-vous à Rio, où elle décroche enfin l'or et devient la première tricolore titrée en para-judo.
Kiné et mère de deux enfants, elle envisage un temps de prendre sa retraite. La passion prend le dessus. Sacrée championne du monde en 2019, Sandrine Martinet est avec le joueur de tennis Stéphane Houdet nommée porte-drapeau de la délégation française aux Jeux Paralympiques de Tokyo, où elle monte de nouveau sur la deuxième marche du podium, cette fois chez les moins de 48kg. À 41 ans, elle s'apprête à vivre ses sixièmes Jeux Paralympiques à Paris, où comme d'habitude, cette éternelle dure au mal ira au bout d'elle-même.

Sandrine Martinet (en bleu)
aux Jeux Paralympiques de Rio 2016

Pascal Martinot-Lagarde
aux Jeux Olympiques
de Tokyo 2020

PASCAL MARTINOT-LAGARDE

Se relever, toujours

Pour le spécialiste français du 110m haies Pascal Martinot-Lagarde, les Jeux de Paris cet été sont probablement sa dernière chance de décrocher une médaille olympique. Privé des Jeux à Londres en 2012 en raison d'une blessure ayant rendu compliqué sa qualification, le Francilien d'origine martiniquaise aurait pu y faire bonne figure, après avoir décroché en mars une prometteuse 3e place lors des championnats du monde en salle pour sa première saison chez les seniors. Mais le jeune homme, qui n'a alors que 21 ans, se relève de cette déception et redouble de travail, modifiant notamment sa technique de course. Un choix payant puisqu'entre 2012 et 2014, il améliore ses records personnels de meetings en meetings. Une progression qui se matérialise par une saison 2014 au cours de laquelle il remporte la Diamond League et fait tomber le record de France (12"95) de Ladji Doucouré, établi en 2005. L'année suivante, il est sacré champion d'Europe en salle et au printemps 2016, le hurdleur monte sur la 2e marche du podium aux championnats du monde en salle.
Autant de résultats qui font naître des espoirs légitimes au moment d'aborder les Jeux de Rio. À 25 ans, pour sa première olympiade, il atteint la finale où il échoue au pied du podium, battu par son compatriote Dimitri Bascou, médaillé de bronze derrière Omar McLeod et Orlando Ortega. Une quatrième place qui satisfait malgré tout « PML ». Habitué des podiums en salle, Martinot-Lagarde poursuit ensuite son ascension, en plein air cette fois : en 2018, il est sacré champion d'Europe et remporte quelques semaines plus tard la médaille d'or lors de la première édition de la Coupe du monde d'athlétisme. Un an plus tard, à Doha, il obtient sa première médaille mondiale en terminant 3e ex-aequo avec le vice-champion olympique Ortega. Des performances qui, à nouveau, laissent entrevoir la possibilité de briller à Tokyo. Mais non. Après une préparation tronquée par les blessures, le malchanceux n'arrive pas au Japon dans sa meilleure forme, même s'il se qualifie pour sa deuxième finale olympique. Course que le Français boucle à la cinquième place, signant en 13"16 son meilleur temps de la saison.
À Paris, le détenteur du record de France pourrait bien être la belle surprise de l'équipe de France d'athlétisme. Sa carrière le prouve, l'homme en a les capacités.

OKSANA MASTERS

Le sport pour libération

Un jour, c'est sûr, un producteur de cinéma hollywoodien découvrira l'existence d'Oksana Masters et décidera de porter son histoire sur grand écran. Venue au monde à 400km au sud-ouest de Tchernobyl trois ans après la catastrophe nucléaire, l'Ukrainienne, née Bondarchuk, souffre de malformations dont la cause ne laisse aucun doute: pas de tibias, une jambe plus courte que l'autre, six orteils à chaque pied, des doigts collés et des organes dysfonctionnels. Abandonnée par ses parents et passée d'un orphelinat à un autre, Oksana est délaissée, mal nourrie et même violée de 5 à 7 ans. Sauvée de cet enfer et adopté en 1996 par la professeure d'orthophonie Gay Masters, la petite fille est amputée d'une jambe à 9 ans, et de l'autre à 13. Puis elle découvre le sport. Une résurrection.

Elle pratique d'abord l'aviron et remporte une médaille de bronze en deux de couple aux Jeux Paralympiques de Londres 2012. Une blessure au dos l'empêche de poursuivre sa carrière de rameuse. Qu'à cela ne tienne, Oksana Masters devient cycliste, skieuse de fond et même biathlète ! En trois olympiades hivernales, de 2014 à 2022, elle remporte huit médailles (deux d'or, quatre d'argent, deux bronze) en ski de fond et cinq en biathlon (trois d'argent, deux d'or). Aux Jeux d'été, la cycliste échoue près du podium à Rio (4e en ligne, 5e du contre-la-montre) avant de décrocher deux médailles d'or sur ces épreuves à Tokyo. Trois mois après une opération pour une tumeur dans la jambe… Oksana Masters est plus qu'une championne, c'est une héroïne.

Oksana Masters (au centre) lors des Jeux Paralympiques de Tokyo 2020

KEVIN MAYER

La Quête du Graal

Double champion du monde du décathlon en 2017 et 2022, Kevin Mayer décrochera-t-il enfin l'or olympique à Paris, ce Graal ultime qui manque encore à son palmarès ? Quinzième aux Jeux de Londres en 2012, ce guerrier dur au mal, connu pour surpasser les blessures et les « jours sans » grâce à une force mentale bien au-dessus de la moyenne, décroche l'argent quatre ans plus tard, calé entre ses grands rivaux Ashton Eaton (médaille d'or) et Damian Warner. Cinq ans plus tard, l'ancien gamin hyperactif – il a pratiqué le rugby, le handball, le tennis et le ski - arrive à Tokyo avec le dos bloqué depuis une semaine. De violents spasmes qui ne l'ont pas quitté, au matin du premier jour des épreuves. Mais comme à son habitude, le recordman du monde de la discipline (9 126 points en 2018) serre les dents, s'accroche, donne tout. Il crampe sur 400m, voit « les étoiles » tant la douleur est intense au dernier lancer du poids, son point fort, puis se résout à avaler des anti-inflammatoires, lui qui déteste habituellement y avoir recours pour se soigner. « *C'était ça ou j'arrêtais, l'avantage c'est comme je n'en prends jamais par rapport à d'autres, ça a un effet du tonnerre.* » À deux marches du podium après cinq épreuves et conscient que l'or lui échappera le lendemain, il arrive au bord des larmes au micro des journalistes toujours friands de son franc-parler, de ses blagues et de sa totale transparence quant à ses performances. « *Le rendez-vous de ma vie est complètement gâché. Ce ne sont pas des larmes d'abandon, de tristesse, mais de frustration parce que si vous saviez les jambes que j'ai… Ne pas pouvoir s'exprimer, ça ne me va pas du tout, je ne suis pas là pour l'argent.* » C'est pourtant ce métal que le héros de Tokyo décroche le lendemain soir, au terme d'une incroyable remontada, sauveur d'une équipe de France d'athlétisme qui, sans lui, serait rentrée bredouille du Japon.

Kevin Mayer aux Jeux Olympiques de Tokyo 2020

196

FIFA
10

KYLIAN MBAPPÉ

Objectif gagner

Ils sont rares, les grands noms du football à clamer leur envie de participer au tournoi de foot olympique, parfois regardé comme une épreuve de second rang. Kylian Mbappé, lui, a depuis longtemps affirmé son intérêt pour cette compétition. Non pas pour simplement prendre part à cette fête mondiale du sport, mais bel et bien parce que c'est pour lui un titre à inscrire à son palmarès, un objectif sportif qu'il rêve de mener à bien. Et quoi de mieux pour le Francilien de naissance que de relever ce défi chez lui, à Paris ? Mais rien n'est moins sûr que sa présence dans le groupe de l'équipe de France olympique. Car entre le championnat d'Europe qui se tiendra en Allemagne du 14 juin au 14 juillet et la reprise du championnat de France prévue début août, le timing s'annonce serré. S'il avait ouvertement exprimé sa frustration de n'avoir pas pris part aux Jeux à Tokyo à l'été 2021, le prodige français a depuis lâché du lest: faire partie du groupe de Thierry Henry aux prochains Jeux n'est plus une condition *sine qua none* à son avenir en club.

En cas de participation, le vice-champion du monde en titre, qui avait ébahi le monde lors de la finale au Qatar en 2022, pourrait de nouveau croiser la route de celui que certains considèrent comme le plus grand footballeur de tous les temps, un certain Lionel Messi. En effet, à l'instar du N°10 des Bleus, malgré ses 36 ans et une médaille d'or déjà décrochée en 2008 à Pékin, le capitaine de l'Albiceleste a lui aussi affirmé sa volonté de participer aux Jeux de Paris. Nul doute que la présence de ces deux stars planétaires du ballon donnerait à ce tournoi olympique une dimension rarement égalée dans son histoire.

Kylian Mbappé en finale de la Coupe du monde de football en 2022, au Qatar

CURTIS

MCGRATH

L'ancien soldat

Si la pratique du canoë et de la natation a dans un premier temps constitué pour l'ancien militaire de l'Armée australienne Curtis McGrath une des facettes de sa rééducation, c'est rapidement devenu bien plus que cela. Grièvement blessé lors d'une opération militaire en Afghanistan, McGrath s'est pris au jeu et a mis toute son énergie dans le sport. Si bien que moins de deux ans après ce jour de 2012 qui a changé sa vie, il remportait trois médailles d'or aux épreuves de natation aux Jeux militaires américains. Mais c'est hors des bassins que McGrath va poursuivre sa carrière dans le sport paralympique, se lançant pleinement dans le canoë. Une décision qui va porter ses fruits dès 2014, année au cours de laquelle il remporte les championnats du monde de sprint dans sa catégorie (V1 T-A), s'adjugeant au passage le record du monde. Une victoire qui n'est pour lui que la première marche vers un objectif plus grand : concourir aux Jeux Paralympiques de Rio 2016, où le paracanoë est introduit au programme pour la première fois.

En 2015, il est à nouveau champion du monde à Milan (catégorie VL-2) et affiche de grandes ambitions en vue des Jeux, qu'il prépare de la meilleure des manières en remportant deux nouveaux titres mondial à quelques mois de l'échéance à Rio, où il débarque en favori. Et le champion ne va pas trembler. Sur les eaux brésiliennes, il remporte l'or haut la main (KL-2). Un métal précieux qu'il conquiert avec la même aisance lors de l'édition suivante à Tokyo, y ajoutant une seconde médaille en VL-3 cette fois. À Paris, pour ce qui pourrait être ses derniers Jeux, McGrath, véritable modèle de combativité et de résilience, tentera de nouveau de se hisser sur la plus haute marche du podium et inscrire à une ligne supplémentaire à son impressionnant palmarès.

Curtis McGrath lors
des Jeux Paralympiques
de Tokyo 2020

AUSTRALIA
TOKYO 2020
AUS
NELO
MCGRATH C.
TOKYO 2020
6

SYDNEY

MCLAUGHLIN-LEVRONE

Reine du tour de piste

Double championne olympique à 21 ans à Tokyo - sur 4 x 400m et 400m haies -, la sprinteuse américaine Sydney McLaughlin-Levrone, spécialiste du tour de piste, sera particulièrement attendue aux Jeux l'été prochain. Car de tous les sportifs engagés, elle fait partie du cercle très fermé de celles et ceux à qui l'or semble promis tant elle écrase sa discipline et paraît intouchable. En 2022 à Eugene, lors de son premier titre de championne du monde, elle bat son propre record du monde en bouclant sa course en 50"27, avec presque deux secondes d'avance sur sa dauphine, la Néerlandaise Femke Bol qui, en l'absence de la jeune prodige nord-américaine s'offrira le titre mondial un an plus tard à Budapest. Après avoir été la première femme de l'histoire à courir en moins de 52", McLaughlin-Levrone établit un nouveau record en franchissant la ligne en moins de 51". Jamais une femme n'avait réussi pareille performance avant elle.

Sydney Mclaughlin-Levrone aux Jeux Olympiques de Tokyo 2020

Incroyable phénomène de précocité, la protégée de Bob Kersee disputera à Paris ses troisième Jeux Olympiques… Car si elle n'est âgée que de 24 ans, l'athlète était en effet déjà là en 2016 à Rio. Elle n'avait que 16 ans et était la cadette de la délégation américaine – les États-Unis n'avaient plus connu ça depuis 1972. Encore en formation, l'adolescente avait tout de même réussi à sortir des séries pour échouer aux portes de la finale. Cinq ans plus tard à Tokyo, elle remportait sa première médaille d'or olympique. Premier sacre d'une reine de la piste dont le règne sur sa discipline pourrait bien être l'un des plus longs que le sport roi des Jeux ait connu.

MORTEZA MEHRZAD SELAKJANI

Morteza Mehrad lors des Jeux Paralympiques de Tokyo 2020

Destin hors du commun

Double champion paralympique avec l'équipe nationale iranienne de volley-ball assis (2016 et 2020), Morteza Mehrad disputera à Paris ses troisièmes Jeux, dans l'espoir d'étoffer un palmarès qui compte également deux titres de champions du monde. Un palmarès forgé en huit ans seulement, au cours d'une ascension fulgurante. Car l'histoire de Morteza Mehrzad avec l'équipe nationale iranienne de volley-ball assis est digne de celles qui font le bonheur des scénaristes hollywoodiens ou d'ailleurs. C'est aussi celle d'une rencontre entre deux hommes. L'histoire d'un entraîneur de volley-ball assis, Hadi Rezaei, qui, en téléspectateur lambda, découvre un soir de 2011 lors d'une émission à la télévision iranienne un jeune homme de 24 ans qui mesure 2,46m et dont il a la conviction qu'il peut devenir un excellent joueur. Ce jeune homme, c'est Morteza Mehrad.

Après avoir été mis en contact par la chaîne de télévision, Rezaei encourage Mehrad de se mettre au volley. Une suggestion qui se concrétise cinq ans plus tard, plus précisément en mars 2016, lorsque l'homme le plus grand d'Iran est sélectionné pour disputer le tournoi de qualification paralympique. Et quelques mois plus tard, Mehrad part pour Rio avec la sélection iranienne. Il en reviendra champion paralympique ! Un titre que lui et les siens conserveront lors de l'Olympiade suivante au Japon et qu'ils tenteront de renouveler à Paris cet été. Mais plus encore qu'une histoire sportive, c'est une histoire de vie que raconte celle de Mehrad, comme le raconte l'intéressé : « *En raison de mon handicap, j'étais très déprimé. J'avais l'impression d'être en prison et j'avais peur de sortir à cause de mon apparence. Le volley-ball a changé ma vie.* »

Carissa Moore
aux Jeux Olympiques
de Tokyo 2020

CARISSA MOORE

Prendre la vague

Posée sur une planche de surf par son père à l'âge de cinq ans, l'Hawaïenne Carissa Moore apprivoise ses premières vagues sur les plages de Waïkiki, à Honolulu, en 1997. Et démontre immédiatement des qualités de glisse innées et exceptionnelles. Parfait combo d'équilibre, de style et de puissance athlétique, son surf attire les sponsors et les médias dès ses premières compétitions. Carissa n'a pas sept ans qu'elle est déjà prise dans le rouleau du star-system des sports extrêmes… Un statut qu'elle honore en 2004 en remportant le Billabong Pro Junior puis en gagnant sa place sur le circuit mondial majeur dès 2010. Elle signe deux victoires et une troisième place au classement général à l'issue de sa première saison, puis devient championne du monde l'année suivante, à tout juste 18 ans. Du jamais vu. Quatre autres fois titrée sur le WCT depuis, Carissa Moore devient championne olympique à Tokyo, confirmant qu'elle est bien la meilleure surfeuse au monde et sans doute de tous les temps.

Début 2024, elle donne une nouvelle direction à sa carrière en annonçant son retrait du « Tour », motivée par l'envie de « *voir qui [elle est] en dehors du lycra* ». S'adressant à son « *mentor* » le surf, elle précise : « *Aller vers l'inconnu est effrayant, mais tu m'as appris que c'est là qu'arrive la vraie magie.* » Un « *changement de vitesse* » qui n'est pas synonyme de retraite, puisque la surfeuse déchue de son trône mondial en 2022 et 2023 sera présente sur l'étape du Tahiti Pro, sur le futur spot olympique de Teahupo'o, pour préparer Paris 2024 qui sera peut-être son dernier grand défi.

ATHING MU

Le talent n'attend pas

À l'instar de sa coéquipière du relais 4 x 400m, Sydney McLauglin-Levrone, avec qui elle a remporté l'or aux Jeux Olympiques de Tokyo 2020, l'Américaine d'origine soudanaise Athing Mu n'aura pas eu à batailler des années durant pour inscrire son nom au palmarès olympique. Spécialiste du 400 et du 800m, Mu a commencé son aventure olympique en boulet de canon. Remarquée lors des sélections américaines pour les Jeux avec un chrono de 1'56"07 sur le double tour de piste, elle se présente à Tokyo en outsider compte-tenu de son inexpérience du haut-niveau international. Mais ses performances en font une candidate plus que crédible à la médaille d'or puisqu'avec son temps de référence réalisé à Eugene, elle est la meilleure performeuse au départ de la finale du 800m féminin. Et du haut de ses 19 ans et de son mètre soixante-dix-huit, Mu ne va pas trembler. Avec ses grandes foulées, la longiligne athlète s'empare de la tête de la course après les 110m en couloirs. Une position qu'elle ne va plus lâcher, courant comme si elle était seule en piste sans jamais se soucier de ses adversaires. Après une première accélération au 400m, elle impulse une nouvelle cadence à 200m de l'arrivée pour s'imposer avec une facilité déconcertante.

Athing Mu lors des Jeux Olympiques de Tokyo 2020

Passée d'espoir de la discipline à championne à battre, elle confirme l'année suivante son nouveau statut, remportant le titre aux championnats du monde à Eugene. Cette fois, la lutte est plus coriace et l'adversité se fait ressentir. Employant la même tactique de course, elle parvient toutefois à contrer le retour de ses rivales Keely Hodgkinson et Mary Moraa. Battue l'été dernier à Budapest par ces deux mêmes athlètes, elle connaît un premier échec. Entre ces trois-là, nul doute que la lutte pour l'or sera âpre cet été sur la piste du Stade de France. L'occasion pour Athing Mu de prouver que Tokyo n'était pas qu'une surprise rafraichissante, mais bien le premier titre d'une grande championne en devenir.

MOLLIE O'CALLAGHAN

La nouvelle reine

La lecture d'un CV ne dit pas nécessairement tout de la réalité. Ainsi, sur le papier, la nageuse australienne de 20 ans Mollie O'Callaghan est championne olympique du relais 4 x 100m nage libre et du 4 x 100m quatre nages ainsi que médaillée de bronze du relais 4 x 200m nage libre. Chaque ligne de ce palmarès dessiné à Tokyo en 2021 est toutefois complétée de la mention « ne participe pas la finale ». Cela n'enlève rien à son statut ni à son mérite d'avoir aidé son équipe lors du tour de qualifications ; mais dans l'esprit d'une athlète de haut niveau, manquer une finale doit forcément laisser un sentiment mitigé, un goût d'inachevé, tel ces joueurs de foot champions du monde sans avoir jamais quitté le banc des remplaçants durant la compétition.

Venue au Japon pour apprendre et découvrir les coulisses d'une grande compétition internationale, Mollie O'Callaghan semble avoir bien profité de ce rite d'initiation. Car depuis deux ans, la nageuse du Queensland affole les bassins mondiaux et collectionne les médailles, en solo et en équipe d'Australie, dont elle est aujourd'hui une titulaire à part entière. Championne du monde du 100m nage libre et de deux 4 x 100m nage libre (femmes et mixte) à Budapest en 2022, la nouvelle coqueluche du sprint conserve ces titres l'année suivante à Fukuoka ajoutant à son escarcelle le 200m et le relais 4 x 200m – dont elle était déjà vice-championne du monde. Lors de sa victoire surprise sur 200m chipée à sa compatriote Ariarne Titmus, Mollie O'Callaghan s'est en prime offert le record du monde détenu depuis 2009 par la légende italienne Federica Pelligrini.

Mollie O'Callaghan aux championnats du monde de nataton à Fukuoka, en 2023

Leani Ratri Oktila lors d'un match face à la Japonaise Ayako Suzuki en 2018

LEANI RATRI OKTILA

Toujours sur le court

La joueuse indonésienne de parabadminton Leani Ratri Oktila tapait déjà dans le volant au niveau national quand un accident de moto la prive de l'usage de sa jambe gauche. Mais à 11 ans, hors de question pour elle d'abandonner sa passion. Elle va même multiplier les occasions de s'amuser sur un terrain en jouant en simple, en double et en double mixte, jusqu'à six matchs par jour en compétition. Et même tellement fan de son sport qu'elle dit prendre avec elle « *tapis, oreillers et vêtements pour faire des siestes dans les vestiaires entre les matchs. Tandis que les autres joueurs peuvent rentrer chez eux ou à l'hôtel, moi je suis toujours sur le court. Alors je reste dormir dans les toilettes, trois petites heures et je me réveille en pleine forme !* » Un rituel visiblement efficace puisque Leani Ratri Oktila ne fait que progresser un peu plus chaque année dans la hiérarchie mondiale, depuis ses débuts, en 2014. Victorieuse de dix tournois internationaux de la catégorie SL4 (et de 25 en double) avant le lancement du circuit de para badminton de la fédération internationale en 2023 (trois victoires et quatre fois en finale sur sept étapes) ; elle est d'abord vice-championne du monde 2017 puis décroche le titre mondial en 2019. En double dames, elle grimpe étape par étape (bronze en 2017, argent en 2019, or en 2022) sur le toit du monde, déjà conquis deux fois en double mixte SL3-SU5 (2017 et 2019). Le summum est atteint lors de ses premiers Jeux Paralympiques, à Tokyo, où elle remporte deux fois l'or avec les doubles, et décroche l'argent en individuel. Un triplé qui fait d'elle l'athlète la plus médaillée en para badminton de ces Jeux Paralympiques.

Anastasia Pagonis lors des Jeux Paralympiques de Tokyo 2020

ANASTASIA PAGONIS

À toute vitesse

Anastasia Pagonis apprend vite. Très vite même. Championne paralympique de 400m nage libre à Tokyo en 2021 à seulement 17 ans, la jeune Américaine n'a pourtant débuté la natation que trois ans auparavant. Et rien ne laissait alors imaginer qu'elle serait médaillée d'or durant cette olympiade, sa première grande compétition internationale. Car à ses débuts, l'adolescente ne parvenait pas à rester dans sa ligne d'eau et il lui était impossible de faire une longueur en une fois. Mais un homme va tout changer: un certain Marc Danin, entraîneur au club des Islanders Aquatics. N'ayant jamais entraîné de nageur non-voyant, l'homme va se mettre à l'eau avec des lunettes opacifiantes afin de mieux comprendre sa protégée et savoir comment la guider. Si la néophyte s'était mise à la natation afin d'aller mieux, la voilà désormais en quête de performance. Et pour elle, tout va aller très vite: lors des qualifications paralympiques en juin 2021, elle va battre à deux reprises le record du monde du 400m nage libre, s'affichant donc comme une prétendante sérieuse à la médaille quelques semaines plus tard. Une médaille d'or qu'elle va aller chercher avec une facilité déconcertante, remportant la finale avec dix secondes d'avance sur la deuxième, battant son propre record du monde. La native de Long Island est bien partie pour une belle carrière sportive.

MARIE PATOUILLET

Marquer l'histoire

Durant son enfance, ce n'est pas la douleur physique liée à son handicap qui la fait le plus souffrir, mais la moquerie des gamins de son âge. Des harceleurs avec lesquels elle règle ses comptes sur les terrains de foot et de basket, où c'est bien souvent elle la meilleure. Douée pour le sport et le piano, ses « exutoires », la brillante élève intègre l'école de santé navale de Bordeaux pour devenir médecin généraliste. En parallèle, elle devient sportive de haut niveau.

À l'été 2017, elle participe à l'Étape du Tour et se découvre une passion et bientôt un talent pour le cyclisme. Elle pousse la porte de l'US Créteil, alterne la route et la piste et fait très vite descendre ses chronos. Sous la houlette du quadruple médaillé olympique Grégory Beaugé, elle ouvre son palmarès, mondial. Médaillée de bronze au championnat du monde sur piste en 2019 (500m arrêté C5), puis en argent sur cette même épreuve et sur l'omnium l'année suivante, Marie Patouillet rapporte deux médailles de bronze de ses premiers Jeux, à Tokyo – en poursuite et lors de l'épreuve sur route.

Devenue championne du monde sur route en 2022 dans la course en ligne et désormais sept fois médaillée d'argent ou de bronze aux Mondiaux, la Française veut marquer l'histoire : « *Ce seront mes derniers Jeux. À Paris, ce que je vise vraiment, ce sont mes meilleurs chronos, ma meilleure performance de tous les temps.* » Il y a fort à parier qu'elle sera sur le podium à Paris cet été. Reste à savoir sur quelle marche…

Marie Patouillet aux Jeux Paralympiques de Tokyo 2020

205
ParalympicsGB
TOKYO 2020

LEE
PAERSON

Monsieur Victoire

À 50 ans, le Sir Britannique David Lee Pearson disputera à Paris ses sixièmes Jeux Paralympiques. Sa première participation, c'était en 2000, à Sydney. En bientôt 25 ans de carrière, le cavalier aux 14 titres de champion du monde en autant de participations aura récolté 14 médailles olympiques dont 11 en or. Exception faite – toute proportion gardée – des Jeux de Londres 2012 (médaille d'or, d'argent et de bronze) et ceux de Rio 2016 (médaille d'or et d'argent), chaque édition fut un retentissant succès, remportant à Sydney 2000, Athènes 2004, Pékin 2008 et Tokyo 2021 trois médailles d'or à chaque fois. Un parcours paralympique quasi parfait qui pourrait bien se poursuivre cet été à Paris.

Inspiré par les Jeux Paralympiques d'Atlanta 1996, c'est à la fin des années 1990 qu'il entame une carrière professionnelle, à l'âge de 22 ans. Et dès son premier grand rendez-vous international, le ton est donné: il remporte trois médailles d'or aux Championnats du monde en 1999. Le début d'une carrière couronnée de nombreux succès. Véritable légende de son sport, il est fait membre de l'Ordre de l'Empire britannique en 2001, puis quelques années plus tard, Commandeur de l'ordre le plus excellent de l'Empire britannique, en vertu de son engagement dans le sport para et de ses engagements citoyens pour les personnes en situation de handicap. Porte-drapeau de la délégation britannique en 2016, il est anobli la même année par la Reine. Engagé auprès d'œuvres caritatives, il contribue à promouvoir l'investissement de nombreuses associations citoyennes, notamment celles œuvrant pour les droits des personnes LGBT.

Lee Paerson lors
des Jeux Paralympiques
de Tokyo 2020

Tadej Pogačar
aux Jeux Olympiques
de Tokyo 2020

TADEJ POGAČAR

Forçat de la route

À 25 ans, le coureur slovène Tadej Pogačar s'est lancé un défi fou pour la saison 2024. Le leader d'UAE Team Emirates, deuxième du Tour 2023 et plus jeune Maillot Jaune sur les Champs-Élysées en 2020 depuis l'édition 1904 – il n'avait alors pas encore 22 ans –, s'est en effet concocté un programme dantesque. Entre mai et septembre, il sera notamment au départ du Giro, du Tour de France, des Jeux Olympiques et des championnats du monde sur route. Un enchaînement de compétitions qui laissera peu de place au repos. Mais le dauphin de Jonas Vingegaard sur les deux dernières Grande Boucle se dit prêt à relever le défi : « *Je ne suis plus si jeune et je pense que je peux rouler deux Grands Tours. Bien sûr, je pense que j'aurais pu le faire avant. Mais maintenant, c'est un bon moment pour me lancer un nouveau défi dans ma carrière* », avait confié le jeune homme à l'annonce de sa participation au Tour d'Italie. Médaillé de bronze sur la course en ligne il y a trois ans à Tokyo, il n'avait pas pris part au contre-la-montre, laissant le soin à son compatriote Primož Roglič de faire briller les couleurs de son pays – Roglič remportera l'épreuve devant Tom Dumoulin et Rohan Dennis.

Cette année à Paris, il s'alignera sur les deux épreuves. S'il avait fort à faire pour aller conquérir l'or sur la course en ligne, n'étant pas un puriste des courses d'un jour et compte tenu du profil de la course qui ne lui convient pas vraiment, plus calibrée pour les puncheurs ou les sprinteurs, il aurait en revanche toutes ses chances pour l'emporter sur le contre-la-montre. À moins que les deux grands tours ne laissent trop de traces ? Réponse en août.

GRIGORIOS POLYCHRONIDIS

Ne jamais s'avouer vaincu

Grigorios Polychronidis lors des Jeux Paralympiques de Tokyo 2020

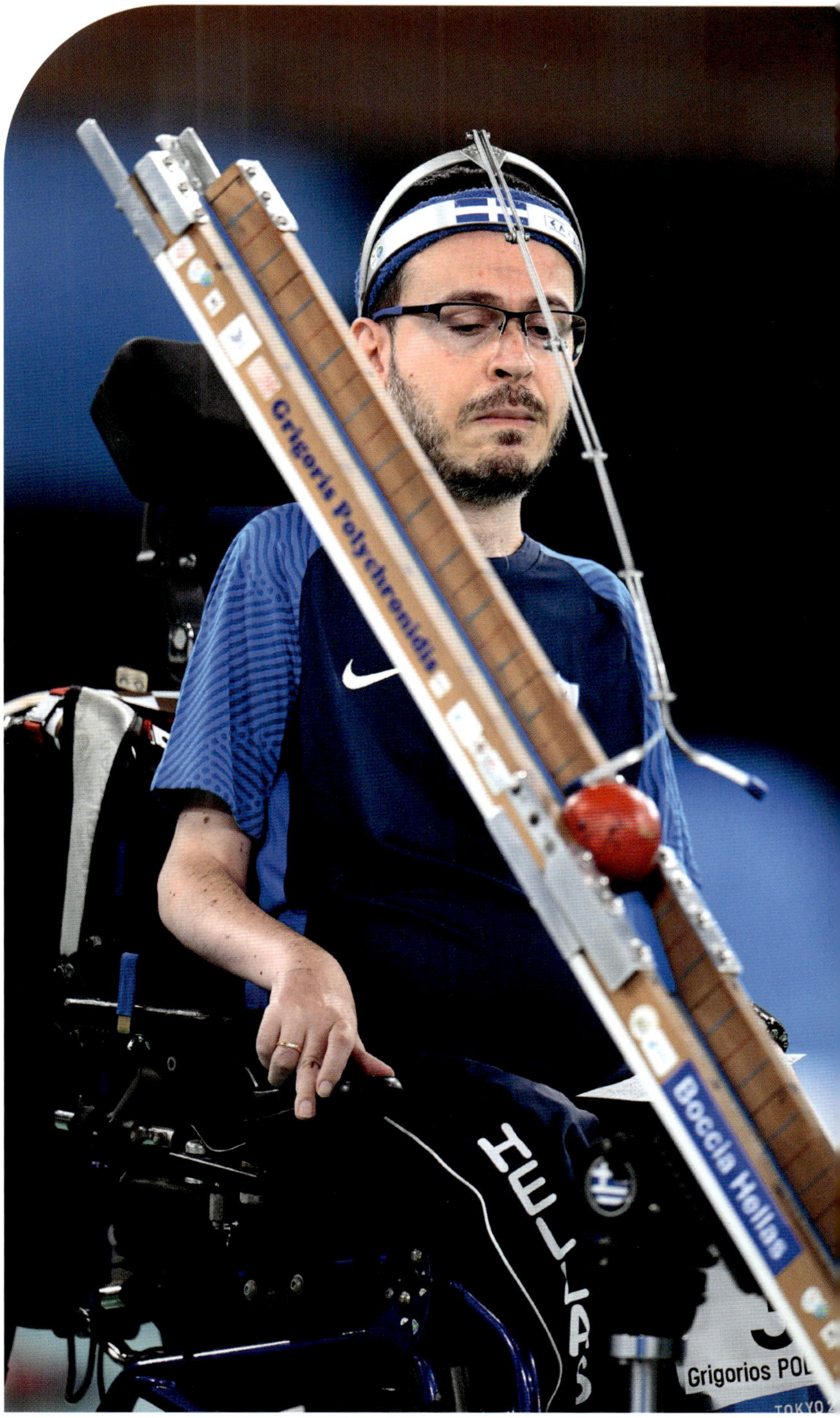

Abdiquer? Même pas en rêve. À 43 ans, Grigorios Polychronidis est toujours en quête de son but ultime: un titre paralympique en individuel. Depuis ses débuts en 2004 à Athènes, le joueur de boccia – discipline qui se rapproche de la pétanque et se joue en intérieur avec des boules de cuir – rêve de faire des Jeux de Paris l'aboutissement d'une carrière au cours de laquelle il n'a pas encore pu monter en solitaire sur la plus haute marche d'un podium paralympique. Médaillé d'or aux Jeux de Londres en 2012 en compagnie de ses compatriotes Maria-Eleni Kordali and Nikolaos Pananos dans la catégorie BC3, le joueur grec court en effet après la consécration individuelle depuis 20 ans. Mais l'homme est patient et refuse de baisser les bras. Il sait qu'il en est capable. En témoigne son parcours aux championnats du monde de boccia: il lui aura fallu patienter douze ans avant de se voir enfin sacrer champion du monde (2018) en individuel. Mais ce titre ne suffit pas. Polychronidis ne jure que par les Jeux. Après trois médailles d'argent obtenues à Pékin (2008), Rio (2016) et Tokyo (2021) en cinq participations, cette sixième éditions des Jeux Paralympiques pourrait enfin sourire au quarantenaire. Une consécration qui viendrait récompenser vingt ans d'une implication sans faille et sacrée une détermination à toute épreuve. Car malgré les revers et les échecs précédents, il est toujours là. Souhaitons-lui que cette fois la réussite tourne en sa faveur et qu'il puisse enfin déposer dans son armoire à trophée la médaille coulée dans le plus convoité des métaux.

JULES POMMERY

Aller plus loin

Jules Pommery lors des Championnats du monde d'athlétisme à Budapest, en 2023

Coaché par le détenteur du record d'Europe de saut en longueur, l'Arménien Robert Emmiyan, le Français Jules Pommery est entre de bonnes mains ! Figure de la nouvelle génération tricolore en équipe de France d'athlétisme, le double champion de France en titre rêve de marquer de son empreinte ces Jeux à domicile, comme il le confiait au micro de France Télévisions en novembre dernier : « *Les Jeux en France, c'est une opportunité à ne pas louper, c'est une fois par siècle.* » Et le sauteur Nivernais de l'Entente Athlé 58 reste le meilleur espoir de la délégation française dans la discipline. Avec des minimas fixés par le Comité international olympique à 8,27m, le pensionnaire de l'Insep devra cravacher pour se qualifier, lui dont le record personnel est 8,17m. S'il sait que la marche est haute, l'ambition reste de mise. Champion de France en 2021 avec un saut à 7,86m, il porte cette marque l'année suivante, lors de ces mêmes championnats, à 8,12m.

Doté d'une grande marge de progression, le Français, qui s'entraîne avec son ami et meilleur rival double champion du monde junior Erwann Konaté, n'a pas renoncé. Loin de là : « *Il y a de grandes chances que je sois aux Jeux, mais ça demande du travail. Ça demande encore une année à ne pas se blesser, à faire attention, à écouter mon coach et à me faire plaisir surtout que les Jeux en France, c'est une opportunité à ne pas louper.* » Réponse dans les semaines qui viennent et rendez-vous en août prochain sur la piste du Stade de France.

David Popovici
aux championnats
du monde de natation
à Fukuoka en 2023

DAVID POPOVICI

Nageur atypique

Aux Jeux Olympiques de Tokyo, la présence de ce gamin de 16 ans en finale du 100m (7e) et du 200m (4e, à deux petits centièmes du podium) avait surpris tous les observateurs. Et comme la natation, surtout à ce niveau de compétition, laisse peu de place à la chance ou au hasard, il était quasiment certain que l'on verrait très bientôt éclore ce talent jusqu'ici passé sous les radars. Le Roumain David Popovici n'a pas mis longtemps pour donner raison à tout le monde en devenant champion du monde du 100m (devant le Français Maxime Grousset) et du 200m l'année suivante à Budapest, puis champion d'Europe sur ces deux distances quelques semaines plus tard, record du monde du 100m à la clé – désormais propriété du Chinois Pan Zhanle depuis le 11 février 2024 (46"80).

En plus d'un crack, la natation mondiale s'est trouvé là un nouveau personnage, atypique dans l'eau comme en dehors. Plus petit, plus mince (1,90m, 79kg) et moins musculeux que les colosses du sprint, David Popovici possède une technique de crawl qu'il juge lui-même « étrange » et suit un programme d'entraînement loin des standards habituels, passant plus de temps dans l'eau (jusqu'à 80km par semaine) et moins en salle de muscu. Initié au stoïcisme par son entraîneur afin de contrôler sa nervosité d'avant compétition, ce fils de psychologue en a tiré un mantra, « être heureux avec ce qu'on a », qui ne l'a pas protégé du stress ni de la pression aux championnats du monde 2022 en petit bassin (4e du 100m et « seulement » médaillé d'argent du 200m) puis en grand bassin en 2023 (6e du 100m, 4e du 200m). L'étudiant en psychologie a encore beaucoup à apprendre. À seulement 19 ans, et malgré son talent inné, quoi de plus normal…

Alex Portal
aux Championnats
de France en grand
bassin en 2021

ALEX

PORTAL

Nageur libre

Initié à la natation depuis l'âge de 7 ans, Alex Portal ne commence la compétition qu'à l'âge de 14 ans, encouragé par son entraîneur qui croit en ses capacités. Et dès ses premières coulées dans les bassins, l'adolescent dénote : pour sa première participation aux championnats de France, il réalise des performances qui le propulse en équipe de France de para natation. Et le licencié du Cercle des Nageurs de l'Ouest de Saint-Germain-en-Laye s'y installe rapidement comme un futur grand : pour ses premiers championnats d'Europe en 2018, l'adolescent, atteint d'un albinisme oculaire qui l'empêche de voir net au-delà d'un mètre (il a moins de 1/10e à chaque œil) et de percevoir les trois dimensions de l'espace, s'illustre en montant sur trois podiums (100m papillon S13, 200m 4 nages SM13 et 400m nage libre S13). L'ascension du Français est lancée. En 2019, il décroche sa qualification aux Jeux de Tokyo à l'occasion des championnats du monde, revenant de Londres auréolé du bronze en 400m nage libre S13 et de l'argent au 200m 4 nages SM13.

Plein d'espoirs et d'ambition, Alex réalise une première campagne paralympique prometteuse en finissant 3e du 400 mètres nage libre masculin S13, à laquelle il ajoute quelques jours plus tard un titre de vice-champion paralympique du 200 mètres 4 nages S13.

Des résultats qu'il confirme l'année suivante aux championnats du monde au Portugal. Cette année-là à Funchal, il franchit une nouvelle étape en étant sacré champion du monde du 200m 4 nages. Non-content de ce sacre, il décroche trois autres médailles (l'argent au 100m papillon et au 400m nage libre et le bronze au 100m nage libre). Mais c'est l'an passé à Manchester qu'il va s'imposer comme un athlète incontournable dans le paysage de la para natation. À un an des Jeux de Paris, celui qui nage à présent 22h par semaine va chercher trois médailles d'or (100m et 400m nage libre et 200m 4 nages). Alors à seulement 22 ans, Alex Portal, pour qui le judoka Teddy Riner est un modèle, arrivera à Paris fort de certitudes qui laissent augurer de belles choses. Et marquer le point de départ d'une domination hégémonique dans son sport. À l'image d'un certain judoka bien connu…

Valentin Prades aux Jeux Olympiques de Tokyo 2020

VALENTIN PRADES

Athlète complet

Et si, après une frustrante quatrième place en 2016 à Rio et une décevante septième à Tokyo il y a trois ans aux épreuves de pentathlon moderne, l'heure de gloire du Français Valentin Prades sonnait cet été à Paris ? Et si les échecs précédents n'avaient été finalement que le prix à payer pour s'offrir, à domicile, l'aboutissement d'une carrière entamée au pôle espoir de Font-Romeu, en 2007 ? C'est en tout cas ce à quoi l'Azuréen de 31 ans travaille depuis trois ans, lui qui, depuis une décennie, trouve motivation et détermination dans la quête d'une médaille olympique. Sport méconnu, le pentathlon moderne se compose d'une épreuve de natation (200m nage libre), d'un tournoi d'escrime, d'un parcours de saut d'obstacles (équitation) et d'une course à pied combinée à du tir. Des disciplines aux antipodes les unes des autres, qui demandent des qualités très variées, et font donc des pentathlètes modernes des sportifs complets. Idéal pour un hyperactif comme lui issu de la natation et qui n'a découvert son sport qu'à l'âge de 15 ans, à son entrée au pôle espoir : « *J'ai eu un vrai coup de cœur pour le pentathlon moderne, une discipline qui est vraiment très complète, qui m'a passionné et a réussi à me calmer aussi parce que j'avais un petit côté hyperactif.* »

Et si l'on peut imaginer pour lui une belle issue, c'est parce que son palmarès prouve qu'il est capable de se hisser sur le podium olympique : vice-champion d'Europe en 2013 et 2019, il connaît sa meilleure saison en 2018, année au cours de laquelle il réalise un triplé à l'échelle continentale, sacré champion d'Europe en individuel, en équipe et en relais mixte. Quelques mois plus tard, il se classe deuxième des championnats du monde à Mexico en individuel et devient double champion du monde en équipe et au relais. Un palmarès qui en fait le meilleur Français de la discipline.

ALEXIA PUTELLAS

La victoire dans la peau

Si tout se passe comme prévu, à l'instar de l'ancien Barcelonais Lionel Messi, la capitaine de l'équipe féminine du club catalan devrait bien être à Paris cet été pour tenter d'étoffer son palmarès d'un prestigieux titre de championne olympique. Double Ballon d'Or (2021 et 2022), l'actuelle attaquante du Barça rêve de s'offrir le titre pour la première participation des Espagnoles aux Jeux. Si sa place dans le groupe ibérique ne semble souffrir sportivement d'aucune contestation, sa participation reste toutefois suspendue à sa condition physique: opérée du genou gauche à l'automne dernier, la trentenaire connaît des difficultés depuis 2022 et une rupture des ligaments croisés. Sextuple championne d'Espagne sous la tenue blaugrana, elle y a également remporté deux Ligues des Champions, six Coupes d'Espagne et deux Supercoupes d'Espagne. Mais son fait d'arme le plus marquant reste ce titre de championne du monde décrochée l'été dernier en Australie/Nouvelle-Zélande, le premier titre majeur pour le football féminin espagnol, dont la Liga Féminine est devenue entièrement professionnelle en 2022. Une professionnalisation qu'Alexia Putellas a quant à elle connu dès 2015 au FC Barcelone, deux ans après son arrivée en Catalogne et date à laquelle elle a cessé ses études d'administration et de direction d'entreprise pour se consacrer pleinement au football.

À titre personnel, elle qui réalise une Coupe du monde mitigée, ce premier titre majeur du foot espagnol vient compléter un palmarès qui fait d'elle la seule joueuse à avoir remporté la Coupe du Monde, le Ballon d'Or, le Prix Fifa The Best et la Ligue des Champions. En remportant l'été prochain les Jeux Olympiques, la gauchère du FC Barcelone, taulière d'une sélection dont elle est la joueuse la plus capée, entrerait alors un peu plus dans la légende du football féminin.

Alexia Putellas face à l'Écosse match de qualification à la Coupe du monde 2023, en 2021

JEAN QUIQUAMPOIX

Plus vite que son ombre

Jean Quiquampoix
aux Jeux Olympiques
de Tokyo 2020

Le tir au pistolet vitesse 25 mètres est typiquement ce genre de discipline olympique pour laquelle le téléspectateur lambda, pris par la magie des Jeux, est capable de se passionner tel un mordu de la première heure sans absolument rien y connaître. D'autant plus si un représentant national rend l'épreuve palpitante en jouant les premiers rôles. C'est ce que le tireur français Jean Quiquampoix, 28 ans, est parvenu à faire lors des deux dernières olympiades. En 2016, à Rio, le double champion d'Europe (2012, 2015) et du monde (2014) des juniors et déjà vainqueur de la Coupe du monde 2015 chez les seniors décroche l'argent, seulement devancé par l'Allemand Christian Reitz, déjà médaillé de bronze à Pékin en 2008. Une superbe première expérience olympique que le Parisien de naissance, initié au pistolet en 2009 par un ami membre du Tir sportif d'Antibes où sa famille vit depuis trois ans, fait fructifier les saisons suivantes. De nouveau titré en Coupe du monde en 2017, troisième des Championnats du monde 2018, médaillé d'argent aux Jeux Européens 2019, Jean Quiquampoix règle sa mire à mesure que les Jeux Olympiques de Tokyo approchent. En juillet 2021, il prend un premier ascendant psychologique sur ses adversaires en remportant de nouveau la Coupe du monde. Une forme olympique qu'il confirme le mois suivant en conquérant le Graal au Japon devant le champion olympique 2012 Leuris Pupo. Pour préparer son prochain objectif, évidemment Paris 2024, le maréchal des logis-chef s'entraîne comme jamais, tirant 350 cartouches tous les matins en plus de séances de gainage, de vélo, d'escalade ou de course à pied. Le prix à payer pour vivre son troisième « quart d'heure de célébrité » et faire vibrer la France.

Markus Rehm lors des Jeux Paralympiques
de Tokyo 2020

MARKUS REHM

Blade Jumper

« Gagner avec ma manière. » Telle pourrait être la devise de l'athlète allemand Markus Rehm. Pour la première fois champion du monde du saut en longueur F42/44 en 2011 avec un record mondial en bonus (7,09m), il confirme son statut de favori l'année suivante à Londres, en décrochant l'or paralympique, titre lui aussi assorti d'un record du monde (7,35m). Puisqu'il ne peut s'empêcher de l'emporter sans à chaque fois sauter plus loin, le scénario se reproduit aux Mondiaux 2013 avec un bond à 7,95m. Le 26 juillet 2014, aux championnats d'Allemagne, l'athlète entre un peu plus dans l'Histoire du sport en devenant le premier para athlète à remporter un titre national chez les valides, portant cette fois sa marque à 8,24m qui le qualifie pour les championnats d'Europe. Un ticket non validé par la fédération allemande, au prétexte que Markus Rehm serait trop avantagé par sa prothèse. De nouveau champion du monde para en 2015 – une habitude, il a gagné en tout cinq concours aux Mondiaux –, et de nouveau avec un record à 8,40m cette fois, le sauteur devient coureur (et vainqueur) avec le 4 x 100m. L'année suivante, Rehm présente sa candidature chez les valides. Refusée. Des chercheurs universitaires mandatés affirment qu'il est « impossible » de quantifier le rôle de sa prothèse: « *Elle le désavantage dans sa course d'élan, mais elle améliore sa technique de saut.* » « Blade Jumper », surnom hérité du film *Blade Runner*, se console avec les Jeux Paralympiques de Rio, où le désormais T64 réalise le doublé saut en longueur 4 x 100m. Invincible dans sa catégorie et explosant un à un ses propres records, le triple champion paralympique en titre a depuis atterri à 8,72m, en juin 2023. Et à 35 ans, il n'aurait d'après lui pas encore atteint sa limite…

SHA'CARRI RICHARDSON

Interrompre l'hégémonie jamaïcaine

En juin 2021, une semaine avant le début des sélections olympiques américaines, la sprinteuse Sha'Carri Richardson, 21 ans, apprend de la bouche d'un reporter le décès de sa mère biologique, qui l'a abandonnée durant son enfance. Dévastée, la surdouée du 100m élevée par sa grand-mère et sa tante évacue son chagrin dans les volutes de marijuana. Quelques jours plus tard, sur la mythique piste d'Hayward Field, à Eugene (Oregon), la grande espoir de l'athlétisme américain s'impose en finale du 100m et se qualifie pour les Jeux de Tokyo. Seulement voilà, le 1er juillet, les médias annoncent son contrôle positif au cannabis durant ces trials. « *Je suis humaine* », réagit-elle sur Twitter, avant d'officialiser quelques heures plus tard sa suspension d'un mois par l'agence anti-dopage américaine. Cette sanction qu'elle ne conteste pas – « *Je n'avais pas le droit de le faire. Je ne cherche pas d'excuse, je ne recherche aucune empathie* » – l'autorise à envisager sa participation au relais 4 x 100m, prévu le 5 et 6 août. Un espoir douché par la fédération américaine qui lui inflige une peine plus longue. Sha'Carri Richardson ne verra pas le Japon.

Sha'Carri Richardson aux Championnats du monde d'athlétisme à Budapest, en 2023

Après une année blanche en 2022, la jeune femme au look extravagant (ongles surdimensionnés, tatouages, cheveux colorés) inspiré de la légende du sprint US Florence Griffith-Joyner revient en grande forme l'été suivant. Début juillet, elle décroche son premier titre national sur 100m et prend la deuxième place sur 200m. Le 21 août 2023, à Budapest, elle confirme son grand retour en s'imposant sur la distance reine aux championnats du monde, décroche le bronze sur 200m quatre jours plus tard et s'impose le lendemain avec le relais 4 x 100m. À Paris, elle tentera de récupérer un titre qui échappe aux Américaines depuis… 1996 !

TEDDY RINER

Sur les traces des plus grands

Quelle que soit l'issue des Jeux Olympiques de Paris 2024, le Français Teddy Riner, 35 ans, restera à n'en pas douter pour quelques temps encore le plus grand combattant de l'histoire du judo. Il faut dire que le colosse guadeloupéen dispose d'une marge conséquente sur ses poursuivants: cinq titres continentaux, onze titres de champion du monde, et surtout, cinq médailles olympiques, dont trois en or. Et la possibilité d'étoffer encore un peu plus ce palmarès extraordinaire dans son jardin parisien. Honneurs auxquels il convient de rajouter les nombreuses victoires de prestige remportées tout au long de sa carrière et la domination sur son sport qu'il a imposée à ses adversaires depuis plus de 15 ans.

Il aurait pu se contenter de cela et profiter d'une retraite bien méritée. Mais c'est mal connaître le géant français. En effet, malgré un palmarès unique, le natif de Pointe-à-Pitre compte bien terminer sa carrière au firmament en décrochant devant un public acquis à sa cause une quatrième médaille d'or, dont une troisième dans la catégorie reine des +100kgs. Une récompense qui le placerait au tableau d'honneur tricolore aux côtés de l'ancien canoéiste et actuel président des Jeux français, Tony Estanguet, détenteur du record de victoires remportées sur différentes olympiades dans la même discipline. Un record qu'il aurait pu avoir l'opportunité de faire tomber s'il ne s'était pas laissé surprendre par le Russe Tamerlan Bashaev en quarts de finale lors des Jeux de Tokyo à l'été 2021. Poussé au «Golden score» par son pugnace adversaire, Teddy Riner est sorti sur un Sumi-otoshi. Si la pandémie de Covid-19 a évidemment contrarié les plans du plus grand judoka français, elle n'a pas été une contrainte que pour Riner, lui qui, à 31 ans, s'était présenté au Japon dans une forme tout à fait suffisante pour espérer briller sur les tatamis du Nippon Budokan de Tokyo. Malgré sa déception, quelques jours plus tard, le porte-drapeau de la délégation française à Rio 2016 s'en va décrocher un nouveau titre olympique dans l'épreuve mixte par équipe que la France domine largement, emmenée par Teddy Riner et Clarisse Agbegnenou. Deux fers de lance du judo français qui tenteront d'apporter leur pierre à l'édifice de l'équipe de France olympique l'été prochain.

Teddy Riner
aux Jeux Olympiques
de Londres 2012

YULIMAR
ROJAS

Madame records

Il ne fait pas bon être une spécialiste du triple saut, ces dernières années. À moins d'accepter de vivre dans l'ombre de Yulimar Rojas et de savoir se contenter des miettes laissées par la Vénézuélienne, invaincue en concours depuis 2019 et titrée à chaque grand rendez-vous international depuis le début de son hégémonie sur la discipline, aux championnats du monde de Londres 2017. Médaillée d'argent aux Jeux Olympiques de Rio 2016 derrière la Colombienne Caterine Ibargüen, Yulimar Rojas rafle depuis tout sur son passage. Sept fois championne du monde (trois en salle) entre 2016 et 2023, quatre fois vainqueure de la Ligue de Diamant, la championne olympique de Tokyo 2020 et première médaillée d'or de l'histoire de son pays détient aussi le record du monde (15,74m réalisés en salle) et des Jeux (15,67m). Cette boulimique de statistiques compte également à ce jour 49 sauts réalisés au-delà de 15m (treize après 15,40m) et, à seulement 28 ans, peut clairement envisager dépasser Tatyana Lebedeva, autre légende des sautoirs arrivée 52 fois derrière la mesure mythique. Une rivalité dont on ne parlera sans doute plus le jour où Yulimar Rojas accomplira son objectif ultime: bondir au-delà des 16 mètres. Non contente de truster les titres dans sa discipline, celle qui tentera le doublé olympique viendra aussi titiller les spécialistes du saut en longueur. À l'automne dernier, pour préparer cette double échéance et ménager sa monture, elle a préféré faire l'impasse sur les Jeux panaméricains, dont elle était (évidemment) tenante du titre. Ce qui ne fut sans doute pas pour déplaire à ses adversaires…

Yulimar Rojas aux Jeux Olympiques de Tokyo 2020

BIRGIT SKARSTEIN

Birgit Skarstein lors des Championnats du monde de para aviron en République Tchèque, en 2022

Rameuse hors-pair

En participant aux Jeux de Paris cet été, la Norvégienne Birgit Skarstein disputera sa sixième olympiade en dix ans. Impossible, dira-t-on? Pourtant c'est bel et bien le cas… Pourquoi? Eh bien pour la simple et bonne raison que la trentenaire a la particularité d'être non seulement une rameuse hors-pair mais également une skieuse de fond de rang international. Ainsi, elle était à Sotchi en 2014, à Pyeongchang en 2018 – où elle était d'ailleurs la porte-drapeau de sa délégation lors de la cérémonie d'ouverture. Et il y a deux ans elle était à Pékin pour disputer les Jeux Paralympiques d'hiver.

Si la polyvalence de la Scandinave est remarquable et force l'admiration, elle n'y a toujours obtenu que des places d'honneur, et des résultats mitigés. Du moins pas à la hauteur de ses performances aux Jeux d'été, dans sa discipline de prédilection, le para aviron. Car c'est bien en skiff (PR1W1x) que Skarstein s'est illustrée et s'est fait un nom dans le monde du sport paralympique. Après une frustrante quatrième place à Rio en 2016, elle s'était imposée avec autorité et maîtrise à Tokyo il y a trois ans. Un triomphe qu'elle avait vécu «*comme un rêve*», confia-t-elle à l'issue de la finale. Détentrice du record du monde de sa catégorie, Birgit Skarstein en est quintuple championne du monde et triple championne d'Europe. Autant de titres et une expérience des grands rendez-vous internationaux qui feront d'elle incontestablement l'une des grandes favorites à sa succession cet été sur le plan d'eau du stade nautique de Vaires-sur-Marne où se dérouleront les épreuves d'aviron et de para aviron.

Daniel Stahl
aux Jeux Olympiques
de Tokyo 2020

DANIEL STAHL

Discobole imperturbable

Le lancer du disque n'est pas la discipline la plus prisée du grand public lors des grandes compétitions internationales. Mais il serait bien dommage de passer à côté celle des Jeux de Paris, tant elle promet une belle bagarre. Notamment grâce à la présence du discobole suédois Daniel Stahl, tenant du titre olympique. Le colosse scandinave – il mesure 2m pour 155kgs! – a envoyé un message clair à la concurrence lors des derniers championnats du monde d'athlétisme à Budapest, en août 2023. En finale de l'épreuve, il a détrôné le champion du monde en titre Kristian Ceh avec un lancer à 71,46m, s'adjugeant au passage le record des championnats du monde. Un titre qu'il est allé chercher à la force physique, mais surtout à la force mentale. En tête du concours après un quatrième lancer à 69,37m, il est doublé par Ceh au dernier essai du Slovene qui envoie le disque à 70,02m. Mais c'est sans compter sur les ressources mentales du géant suédois, qui reprend la tête à son dernier lancer. «*C'est probablement la plus belle finale que j'ai disputée*», déclare-t-il à l'issue du concours. Une performance qui lui permet d'être désormais double champion du monde, après sa victoire à Doha en 2019.

Le trentenaire, fils d'une mère lanceuse de disque et championne de Finlande en son temps, s'était présenté au concours aux Jeux de Tokyo dans la peau du favori, statut qu'il devait au fait d'être le meilleur performeur mondial. Il s'était imposé sans trembler avec un jet à 68,90m réalisé dès son deuxième essai. Dans l'enceinte du Stade de France, il devra affronter une concurrence bien décidé à lui ravir le sacre tant convoité. Mais pour cela, ceux-ci devront se surpasser. Car il l'a prouvé, Daniel Stahl est de ces athlètes aux ressources mentales insoupçonnées.

IGA
SWIATEK

Reine de la Porte d'Auteuil

Le 26 juillet 2021, à Tokyo, Ariake Coliseum. Battue au deuxième tour du tournoi olympique par l'Espagnole Paula Badosa Gibert, Iga Swiatek s'effondre, en larmes. Vainqueure de son premier tournoi du Grand Chelem à Roland-Garros en 2020 et huitième joueuse mondiale, la Polonaise est inconsolable. C'est la première grande désillusion de sa carrière, à la hauteur de ses espoirs qu'elle détaillait quelques jours plus tôt : « *Décrocher une médaille pourrait être le point culminant de ma carrière.* » À ce point ? Oui.
Car contrairement à beaucoup de ses collègues boudant cette compétition pas toujours considérée à sa juste valeur par le milieu du tennis, Iga Swiatek vibre pour l'olympisme. Parce qu'elle l'a dans le sang. Fille d'un ancien rameur de l'équipe de Pologne, aligné aux Jeux de Séoul en 1988, elle s'est révélée en 2018 en remportant la médaille d'or en double – aux côtés de la Slovène Kaja Juvan –, lors des Jeux Olympiques de la jeunesse, à Buenos Aires.
Trois ans ont passé, et la vie de la championne de 23 ans a bien changé. L'envie et l'ambition sont toujours présentes et la pression est bien plus forte. La différence, c'est que la numéro 1 mondial depuis deux ans sait aujourd'hui mieux la gérer. Et puis la vainqueur de l'US Open 2022 et du Masters 2023 jouera presqu'à domicile sur la terre battue de la porte d'Auteuil, où elle s'est aussi imposée lors des deux dernières éditions. « *Je me sens plus préparée pour gérer la pression d'être n°1 mondiale cette année que l'année dernière. Et aux JO, cette fois, ce sera différent,* a-t-elle expliqué fin 2023 en conférence de presse. *Je connaîtrai le lieu, ce sera sur ma surface favorite. D'un côté, il y aura également plus d'attentes.* » Et peut-être d'autres larmes. De joie, cette fois.

Iga Swiatek
à l'US Open 2023

LETSILE
TEBOGO

Figure de proue du sprint africain

Le 20 août 2023, aux championnats du monde de Budapest, le Botswanais Letsile Tebogo inscrit une ligne historique dans le grand livre de l'athlétisme. Deuxième du 100m (9"88, record personnel) derrière l'Américain Noah Lyles, le sprinteur africain offre à son continent sa toute première médaille mondiale sur la reine des courses. Cinq jours plus tard, Letsile Tebogo décroche le bronze sur 200m. Des preuves supplémentaires, au même titre que l'Indien Neeraj Chopra champion olympique et du monde en titre de javelot, que les disciplines n'ont plus de frontières traditionnelles. Et que son record du monde junior (9"91), établi un an plus tôt aux championnats du monde de sa classe d'âge (il conserve sa couronne junior), ne devait rien au hasard. Plus jeune sprinteur à courir sous les dix secondes, à 18 ans et 327 jours, l'athlète qui aura 21 ans aux Jeux de Paris a définitivement prouvé qu'il court dans le couloir des plus grands, le 17 février 2024, lors d'un meeting à Pretoria. Ce jour-là, sur une distance certes non reconnue par la fédération internationale, Letsile Tebogo s'offre la meilleure performance de l'histoire sur 300m (30"71). Un record honorifique qui a tout de même le mérite d'en dire long sur son potentiel. Pour mémoire, et à titre de comparaison permettant de tirer quelques jolis plans sur la comète, l'Américain Michael Johnson, quadruple champion olympique spécialiste du 200m et du 400m, avait signé un précédent record sur la même piste en courant ces 300m et 30"85. Dix ans plus tard, un certain Usain Bolt s'était essayé sur cette distance atypique, passant de justesse sous la barre des 31 secondes (30"97). À Paris, pour ses premiers Jeux, la concurrence sera rude sur les épreuves de sprint, mais Letsile Tebogo a prouvé qu'il avait les épaules pour aller chercher le podium. Et l'or olympique ?

Letsile Tebogo (à gauche) aux championnats du monde d'athlétisme à Budapest en 2023

MILTIADIS TEDÓGLOU

Bounce Man

Miltiadis Tedóglou
aux Jeux Olympiques
de Tokyo 2020

En 2021 aux Jeux de Tokyo, le sauteur en longueur grec Miltiadis Tedóglou n'avait que 22 ans lorsqu'il est devenu champion olympique. S'il détonne par sa précocité, l'athlète, originaire de Thessalonique, n'en était pourtant pas à sa première participation. C'est déjà lui qui représentait la Grèce à Rio en 2016, à tout juste 18 ans ! Éliminé dès les qualifications au Brésil, il ne tarde pourtant pas à s'illustrer lors d'un grand rendez-vous international. Sacré champion d'Europe juniors en 2017, il s'impose chez les grands l'année suivante aux championnats d'Europe à Berlin. En 2019, c'est cette fois en salle qu'il s'impose sur l'épreuve continentale.

En arrivant à Tokyo, le jeune homme fait figure d'outsider. C'est pourtant bien lui qui repart du Japon avec la médaille d'or. Et depuis, rien ou presque ne semble arrêter l'ascension du prodige des sautoirs. En 2022, il remporte les championnats du monde en salle, termine premier de la Ligue de Diamant, obtient un second sacre européen, à quoi s'ajoute une médaille d'argent aux championnats du monde en plein air à Eugene (USA). Assoiffé de victoire, en quête de ce titre de champion du monde en plein air qui manque à son impressionnant palmarès malgré son jeune âge, Tedóglou ne s'arrête pas là et continue de travailler. Des efforts qui finissent par payer puisqu'en 2023, à Budapest, il décroche enfin ce titre de champion du monde. Avec ses victoires aux Jeux européens et lors des championnats d'Europe en salle, « Bounce Man » comme il est surnommé, conclue une année 2023 remarquable. Des performances qui font de lui un candidat plus que sérieux à sa propre succession.

Nafissatou Thiam lors des Jeux Olympiques de Tokyo 2020

NAFISSATOU THIAM

La plus grande ?

Née d'une mère athlète spécialiste des épreuves combinées, la Belge Nafissatou Thiam, 29 ans, baigne très tôt dans le sport de haut niveau, qu'elle côtoie dès 2011 aux championnats du monde de la jeunesse (4e de l'heptathlon). S'alignant à la fois sur les concours de saut en hauteur et sur l'épreuve combinée, elle décide d'abord… de ne pas choisir. Championne d'Europe junior de l'heptathlon en 2013 puis vice-championne d'Europe espoirs de la hauteur en 2015, Nafissatou Thiam opte finalement pour l'heptathlon à l'approche des Jeux Olympiques de Rio 2016. Une riche idée puisqu'elle y remporte l'or et que depuis son sacre brésilien, elle n'a laissé échapper qu'une seule médaille d'or (vice-championne du monde 2019 à Doha) sur les sept dernières grandes compétitions auxquelles elle a participé (championnats d'Europe et du monde, Jeux Olympiques).

Depuis 2017, la première Belge à remporter deux médailles d'or consécutives aux Jeux Olympiques détient également la troisième meilleure performance mondiale de tous les temps (7013 points au meeting de Götzis) derrière la légendaire Jackie Joyner-Kersee (7291 points), première heptathlète à avoir remporté deux titres olympiques consécutifs avant elle, et la non moins mythique suédoise Carolina Klüft (7032 points), championne olympique en 2004 à Athènes. Forfait lors des Mondiaux de Budapest 2023, la Belge n'a pas perdu son temps pour autant l'an dernier, en faisant coup double aux championnats d'Europe de penthatlon, la version indoor de « l'hepta ». D'abord en devenant la première triple championne d'Europe en salle, ensuite en effaçant des tablettes le record du monde de Nataliya Dobrynska, championne olympique à Pékin en 2008. Il ne lui reste plus qu'à vaincre à Paris pour définitivement mettre tout le monde d'accord.

ELAINE THOMPSON-HERAH

La passe de trois ?

Elaine Thompson-Herah aux Jeux Olympiques de Tokyo 2020

Dans la longue histoire du sprint aux Jeux Olympiques, un seul athlète a réussi l'exploit de s'offrir trois doublés d'affilée sur 100m et 200m en autant de participations. Cet homme, le plus rapide de tous les temps, c'est bien entendu Usain Bolt. Une femme venue de la même petite île caribéenne est en lice pour l'égaler : la sprinteuse jamaïcaine Elaine Thompson-Herah.

Fille unique d'une famille défavorisée, élevée par sa grand-mère, elle commence l'athlétisme au début de l'adolescence et n'affiche pas d'emblée des performances laissant entrevoir de grands espoirs. En 2009, lors de championnats inter-lycée, elle ne termine que quatrième de la course en 12"01. Pas si mal, certes. Mais insuffisant pour prédire une carrière de sportive de haut niveau. D'autant qu'elle est par la suite renvoyée de son club d'athlétisme pour des problèmes de comportement. Un événement qui va en fait probablement faire basculer son destin : repérée par un observateur, elle intègre l'université de technologie de Kingston et son prestigieux MVP Track Club, véritable fabrique à champions. Très vite, son potentiel en sommeil va exploser. Et c'est en 2015 qu'elle va se faire connaître en remportant l'argent sur 200m aux championnats du monde à Pékin. Un an plus tard à Rio, elle monte cette fois sur la plus haute marche du podium et devient championne olympique sur 100m et 200m, une médaille d'argent au relais 4x100m en bonus. Quatre ans plus tard, à Tokyo, c'est cette fois en favorite qu'elle s'aligne sur 100m, 200m et 4 x 100m : et elle fait encore mieux, en revenant du Japon avec trois médailles d'or. Devenant la première femme à réaliser le double doublé – puis devenu à Eugene en 2021 la deuxième femme la plus rapide de l'histoire sur 100m (10"54) –, la voilà désormais prête à rejoindre Usain Bolt et son triple doublé sur le toit du monde !

MATHIEU

VAN DER POEL

Multitâche

«*Les Jeux Olympiques sont l'étoile polaire de ma saison.*» En décembre 2023, dans le quotidien italien *La Gazzetta dello Sport*, le coureur cycliste Mathieu van der Poel ne laisse aucun doute sur sa participation aux JO et, sans doute, son envie de laver l'affront de Tokyo 2020, où il abandonne dans l'épreuve de VTT cross-country dont le Néerlandais était le grandissime favori. Une déception olympique de plus après avoir échoué à se qualifier pour Rio. À 29 ans, le petit-fils du légendaire cycliste Raymond Poulidor, l'«éternel second» du Tour de France (huit podiums dont trois deuxièmes places) mais numéro 1 dans le cœur du public français, voudra évidemment briller sur les terres de son aïeul décédé en 2019. Dans quelle discipline? Et dans quelle forme? C'est encore un mystère.

Mathieu van der Poel aux Jeux Olympiques de Tokyo 2020

Auteur d'une sensationnelle saison 2023 – champion du monde sur route, triplé Paris-Roubaix, Tour des Flandres, Milan-San Remo 2023 –, Mathieu Van der Poel n'a pas encore confirmé sa présence au départ de l'épreuve sur route et réfléchit encore devant ce «*puzzle compliqué*». D'autant que le sextuple champion du monde de cyclo-cross, vainqueur de treize étapes (sur quatorze) de la Coupe du monde l'hiver dernier, sait trop bien que l'épreuve de VTT réserve son lot de surprises et d'imprévus. Il a pu s'en apercevoir le 24 septembre 2023, lors du test event disputé sur le parcours d'Élancourt terminé à la 28e place, loin derrière le vainqueur français Victor Koretzky. Éreinté par une saison à rallonge – son collègue du bitume et champion du monde en titre de VTT Tom Pidcock s'est classé 36e –, Mathieu van der Poel y a tout de même pris de précieux repères. Remporter l'or olympique le placerait à coup sûr au panthéon du cyclisme.

FLORA VAUTIER

La nouvelle reine du tennis de table

N°1 française, n°2 mondiale U23 et n° 12 mondiale en classe 4. À l'instar des frères Lebrun, la championne de para tennis de table Flora Vautier, 19 ans, incarne le grand renouveau du « ping » français. Gymnaste avant de perdre la mobilité de ses jambes dans un accident de voiture, à 10 ans, elle rencontre au centre de rééducation un ancien pongiste qui lui fait voir autrement ce qu'elle considère d'abord comme « un sport de camping ». Avant de s'y consacrer à fond, aujourd'hui deux fois par jour, pendant deux heures. Tout va dès lors très vite. En 2018, à 14 ans, elle découvre la compétition, puis un an plus tard récolte le fruit de son entraînement aux Jeux Paralympiques européens de la jeunesse où la porte-drapeau de la délégation tricolore décroche l'or en double dames et l'argent en individuel. Aux championnats de France 2022, Flora Vautier réalise le doublé en double (dames et mixte), calant là aussi en finale du simple. L'année 2023 est celle de la confirmation, notamment au rang international. Triple championne de France (simple, double dames, mixte), l'étudiante en Staps s'illustre dans les tournois internationaux avec neuf podiums, dont l'argent en simple et doubles dames à Taïwan ; l'or en mixte et XD7 et le bronze en simple classe 4 au Monténégro ou bien encore le bronze en simple en Italie. Cerise sur la saison : une troisième place en dames aux championnats du monde. Elle participera à ses premiers Jeux Paralympiques à Paris. Avec trois beaux espoirs de médaille en perspective…

Flora Vautier lors des Championnats du monde de para tennis de table, en Espagne en 2022

BEATRICE
VIO

L'épée au cœur

Championne paralympique de fleuret à Rio 2016 et Tokyo 2020, l'escrimeuse italienne Beatrice Vio, équipée de prothèses spécialement conçues pour elle par son père et des experts de Bologne, a ouvert son compteur aux seize médailles internationales en remportant les championnats d'Europe 2014 en solo et par équipes avant de dominer le monde en individuel l'année suivante (3e par équipes).
En 2016, à Rio, son parcours jusqu'à la médaille d'or est une démonstration : vainqueure de ses cinq assauts en poule sans jamais être touchée, elle ne concède que quatorze points à ses adversaires. Finisseuse d'une Squadra Azzurra en mauvaise posture lors de la petite finale, elle retourne la situation et offre le bronze à l'Italie. Devenue porte-parole de l'handisport et régulièrement conviée sur les plateaux télés, la quintuple championne d'Europe et quadruple championne du monde conserve son titre à Tokyo 2020, et ajoute l'argent par équipes à sa collection de breloques – Jeux Paralympiques au cours desquels elle a été désignée porte-drapeau de la délégation italienne.
Son aura dépasse largement le cadre de son sport : elle est nommée ambassadrice des Jeux Paralympiques d'hiver 2026, qui se dérouleront à Milano Cortina. Fondatrice d'Art4sport, association soutenant notamment le financement de prothèses adaptées à la pratique du sport, Beatrice Vio est une militante influente et écoutée à l'échelle internationale, notamment citée pour sa ténacité et son action par Ursula von der Leyen, présidente de l'Union européenne, lors du discours sur l'état de l'Union, en 2021.

Beatric Vio aux Jeux Paralympiques de Tokyo 2020

ALICE VOLPI

Revancharde

L'escrimeuse italienne Alice Volpi, 32 ans, a dû patienter avant de pouvoir étaler tout son talent. La faute à cette génération dorée de fleurettistes emmenée par la légende Valentina Vezzali (six médailles d'or olympiques, entre autres), notamment vainqueure du titre olympique par équipes à Londres 2012. Cette année-là, la junior surdouée initiée à l'escrime par son père à l'âge de cinq ans et d'abord « fascinée par l'uniforme » remporte la Coupe du monde (comme en 2011) et le championnat du monde de sa catégorie. Le passage chez les seniors s'avère plus compliqué, dans l'ombre de championnes indéboulonnables. En novembre 2015, à 23 ans, la n°5 de l'équipe d'Italie et 18e escrimeuse mondiale bouleverse la hiérarchie en triomphant pour la première fois en Coupe du monde, à Turin, face à la championne du monde en titre Inna Deriglazova, quatre mois après son premier titre majeur aux Jeux européens. Insuffisant pour s'aligner en solo aux Jeux de Rio, où le fleuret par équipes féminin n'est pas au programme. Mais pas de quoi freiner sa marche en avant. Désormais titulaire en sélection, elle enchaîne les podiums, et surtout les titres. Triple championne du monde par équipes entre 2017 et 2023 et médaillée de bronze à Tokyo 2020 avec la Squadra Azzurra, elle joue aussi brillamment sa carte en individuel, remportant deux championnats du monde en 2018 et 2023. Seul accident dans ce parcours : sa quatrième place en individuel lors des Jeux au Japon, battue d'une touche lors de la petite finale. À Paris, elle sera forcément revancharde.

Alice Volpi lors de
la Coupe du monde de fleuret
par équipes à Paris en 2023

ITALIA

Karsten Warholm aux Jeux Olympiques de Tokyo 2020

KARSTEN WARHOLM

Celui qui affole les chronos

Londres, le 9 août 2017, finale du 400m haies des championnats du monde. En plus de l'Américain Kerron Clement, champion olympique en titre, et du Turc Yasmani Copello, troisième à Rio, les experts surveillent ce couloir 5 occupé par Karsten Warholm, 21 ans, dont les performances intriguent. Décathlonien de formation reconverti au 400m plat et coureur de haies sur l'anneau depuis seulement un an, le Norvégien vient de remporter deux étapes de la Ligue de diamant. Parti comme une balle, le gamin de la petite île d'Hareidlandet, à 500km d'Oslo, devient champion du monde 48 secondes et 35 centièmes plus tard. C'est le début d'un règne, affaire en cours. Champion d'Europe sans surprise en 2018, Karsten Warholm confirme l'année suivante et décroche une seconde couronne mondiale, à Doha. Mais on n'a encore rien vu… Le 1er juillet 2021, à Oslo, comme pour calmer les ardeurs de son rival américain Rai Benjamin auteur du deuxième meilleur chrono de l'Histoire quelques jours plus tôt, le Norvégien court en 46"70 et bat de huit centièmes de seconde le poussiéreux record du monde de Kevin Young (1992). Mais l'exceptionnel reste à venir… Début août, en finale des Jeux Olympiques de Tokyo 2020, Warholm remporte l'or au terme d'un tour de piste d'anthologie, à l'issue duquel il passe sous la barre mythique des 46 secondes (45"94) et bat ainsi son récent record du monde… que pulvérise aussi son dauphin Rai Benjamin (46"17) ! Une performance qui l'invite à la table des Usain Bolt, Sergueï Bubka et Bob Beamon, autres briseurs de barrières mythiques. Blessé et hors-sujet aux championnats du monde 2022 (7e), il retrouve son trône en 2023 et signe le premier triplé sur la distance.

NIKLAS
WELLEN

Are you Hockey ?

Au soir de la victoire de l'Allemagne à la Coupe du Monde de hockey sur gazon en janvier 2023, l'attaquant de la Nationalmanschaft Niklas Wellen avait du mal à réaliser ce que lui et les siens venaient d'accomplir. Il faut dire que les Allemands apparaissaient comme des champions du monde miraculés: menés au score par deux buts d'écarts en quarts de finale contre l'Angleterre, en demie contre l'Australie et en finale contre la Belgique, les Allemands sont à chaque fois revenus pour finalement s'imposer. Grand artisan de ce titre mondial, le numéro 9 allemand avait été désigné meilleur joueur de cette Coupe du Monde, relançant notamment les siens en finale par un but d'anthologie, le septième du tournoi pour le buteur providentiel.

Vainqueurs en 2008 à Pékin et en 2012 à Londres – face à l'Espagne (1-0) et aux Pays-Bas (2-1), les Allemands échouent dans leur quête d'un troisième titre olympique consécutif (seule l'Inde a réussi cet exploit). Déjà présent en 2016 à Rio, Niklas Wellen, alors âgé de 21 ans, n'avait pu connaître la joie de disputer une finale olympique avec sa sélection, surclassée en demi-finale par une Argentine future championne olympique, mais avait tout de même pu ramener une médaille de bronze. Il y a trois ans à Tokyo, c'est l'Australie qui avait brisé le rêve olympique de Wellen au même stade. Cette fois la petite finale n'avait pas tourné favorablement, devant céder le bronze à l'Inde. Dans quelques mois, dans la capitale française, c'est cette fois en champions du monde que Niklas Wellen et les siens se présenteront aux Jeux. L'occasion pour lui de compléter à 29 ans son palmarès d'un titre olympique qu'il n'aura peut-être plus l'opportunité de pouvoir aller chercher à l'avenir.

Niklas Wellen aux Jeux Olympiques de Tokyo 2020

Self.
SPURS
1

VICTOR WEMBANYAMA

Premier de la classe

Vingt ans seulement, et déjà tout d'un géant. Premier basketteur français recruté en première position d'une draft NBA, le joueur des Spurs de San Antonio l'est évidemment d'abord par sa taille (2,24m) et son envergure (2,43 mètres d'un majeur à l'autre) qui ont obligé ses adversaires à inventer de nouvelles méthodes d'entraînement pour le contourner. L'ancien joueur de Villeurbanne (champion de France en 2022) et des Metropolitans 92 l'est aussi par les immenses espoirs qu'il suscite au sein de l'équipe de France de basketball, dans l'attente d'un leader technique de classe mondiale depuis la retraite de Tony Parker. Victor Wembanyama l'est enfin par l'agitation médiatique et populaire qu'il génère, bien au-delà de nos frontières, lui dont les exploits avaient déjà été visionnés 350 millions de fois… avant qu'il n'intègre la ligue américaine. Un destin auquel le jeune homme humble et discret, souvent comparé à Kylian MBappé – autre monstre de précocité –, ne semblait pouvoir échapper. Fils d'un père sauteur en longueur et triple-sauteur de haut niveau et d'une mère élevée dans une famille de basketteurs, l'ailier fort (ou pivot) mesurait déjà 1,91m à l'âge de 11 ans. Mieux: à l'inverse de ces géants devenus basketteurs professionnels malgré de grosses lacunes techniques, «Wemby» excelle balle en main, capable de dribbles et de tirs à trois points dignes des spécialistes en la matière. Un bagage technique doublé d'une carrure désormais aguerrie au combat physique sauce NBA. Star très attendue aux Jeux Olympiques de Paris où il va chercher à mener l'équipe de France à un premier titre olympique, Victor Wembanyama sait qu'une grosse pression lui pèsera sur les épaules. Qu'il a – heureusement – larges.

Victor Wembanyama
face aux Celtics de Boston
le 17 janvier 2024

PORTIA
WOODMAN

Faire mieux que Jonah Lomu

«*Je veux être Jonah Lomu, en femme!*» Ce 18 juin 1995, Portia Woodman, 4 ans, est survoltée par les exploits de l'ailier all-black, auteur ce jour-là de quatre des six essais de la Nouvelle-Zélande qui surclasse l'Angleterre (45-29) en demi-finale de Coupe du monde, en Afrique du Sud. Son père Kawhena, qui a porté six fois le maillot noir en 1984, et son oncle Fred, trois tests matchs, ne se doutent pas une seconde qu'elle va… faire bien mieux que devenir la Jonah Lomu du rugby féminin! D'abord comme sa mère et sa tante joueuse de netball, un dérivé du basket, Portia Woodman accomplit son rêve d'ovalie en 2012: à l'époque, la fédération recrute dans tous les sports pour renforcer son équipe de rugby à 7, pour la première fois au programme des Jeux Olympiques, dans quatre ans, à Rio. L'ailière débute une nouvelle vie de championne hors normes.

Championne du monde en 2013, la Nouvelle-Zélande de Portia Woodman, élue meilleure joueuse 2015, est archi favorite des JO de Rio. Meilleure marqueuse d'essais du tournoi, elle écope d'un carton jaune en finale. Son exclusion temporaire profite aux Australiennes qui remportent le premier titre olympique. C'est la seule ombre au tableau de la joueuse d'origine maori, qui mène le haka et va ensuite absolument tout gagner. Championne du monde à XV en 2017 et 2021 (deux fois meilleure marqueuse) puis de nouveau à 7 en 2018, Portia Woodman (222 essais en carrière à 7) touche enfin au but ultime à Tokyo 2020 en devenant championne olympique face à la France, où elle sera évidemment en vue cet été.

Portia Woodman
aux Jeux Olympiques
de Tokyo 2020

adidas
11
TOKYO 2020
adidas
10
TOKYO 2020

CRÉDITS PHOTOGRAPHIQUES

P8-9 : Presse Sports / Mounic Alain • P10-11 : Presse Sports / Mounic Alain • P12-13 : Moto Yoshimura / Getty Images • P14 : Presse Sports / Mounic Alain • P 15 : Jean Catuffe / Getty Images • P16 : Chris Jackson / Getty Images ;• P17 : Presse Sports / Mantey Stephane • P18-19 : Presse Sports / Robert Deutsch • P20 : Jack Gruber / USA Today Sports / Presse Sports • P21 : Baptiste Fernandez / Icon Sport • P22 : Moto Yoshimura / Getty Images • P23 : Presse Sports / Lahalle Pierre • P 24 : Tim Clayton / Corbis via Getty Images • P25 : Presse Sports / Paquot Baptiste • P26 : Presse Sports / Lahalle Pierre • P27 : Fred Lee / Getty Images • P28 : Ilse Schaffers/BSR Agency/Getty Images • P29 : Presse Sports / Faugere Franck • P30 : Presse Sports / Mantey Stephane • P31 : Geoff Burke / USA Today Sports / Presse Sports • P32 : A. Fielding/US Presswire / Presse Sports • P33 : Matsuo . K / AFLO / Presse Sports • P34-35 : Presse Sports / Mounic Alain • P36-37 : Presse Sports / Papon Bernard • P38-39 : Naoki Nishimura / AFLO / Presse Sports • P40 : Presse Sports / Mantey Stephane • P41 : Presse Sports / Boue Stephane • P42 : Luis Gutierrez / NortePhoto / Getty Images • P43 : Presse Sports / Mounic Alain • P44 : Moto Yoshimura / Getty Images • P45 : Presse Sports / Reau Alexis • P46 : Presse Sports / Faugere Franck • P47 : Presse Sports / Garnier Etienne • P48 : Manuel Velasquez / LatinContent WO • P49 : Bartlomiej Zborowski / Activ Images / Presse Sports • P50 : Soenar Chamid / SCS / AFLO / Presse Sports • P51 : Jamie Schwaberow / NCAA Photos via Getty Images • P52 : Presse Sports / Mounic Alain • P53 : Tim Clayton / Corbis via Getty Images • P54 : Presse Sports / Kirby Lee • P55 : Presse Sports / Rondeau • P56 : Presse Sports / Mounic Alain • P57 : Presse Sports / Boue Stephane • P58-59 : Presse Sports / Mantey Stephane • P60 : Naoki Nishimura / Presse Sports • P61 : Morgan Treacy / INPHO / Presse Sports • P62 : Andy Astfalck / BSR Agency / Getty Images • P63 : Presse Sports / Mounic Alain • P64 : Yasuyoshi Chiba / AFP • P65 : Tim De Waele / Getty Images • P66 : Presse Sports / Picout Gregory • P67 : SWPIXk / Presse Sports • P68-69 : VCG / VCG via Getty Images • P70 : Presse Sports / Mantey Stephane • P71 : Presse Sports / Faugere Franck • P72 : Raj K Raj / Hindustan Times via Getty Images • P73 : Presse Sports / Lahalle Pierre • P74-75 : Yutaka / AFLO / Presse Sports • P76-77 : Jens Büttner / picture alliance via Getty Images • P78 : Presse Sports / Mounic Alain • P79 : Marcus Brandt / picture alliance via Getty Images • P80-81 : Jean Catuffe / Getty Images • P82-83 : Sebastian El-Saqqa / Picture Alliance / Presse Sports • P84-85 : Sam Barnes / Sportsfile via Getty Images • P86 : Presse Sports / Mounic Alain • P87 : Marcus Brandt / picture alliance via Getty Images • P88 : Andrew Nelles / USA Today / Presse Sports • P89 : Presse Sports / Mounic Alain • P90 : DBM / Insidefoto / Mondadori Portfolio via Getty Images • P91 : Luis Veniegra / SOPA Images / LightRocket via Getty Images • P92 : Yutaka / AFLO / Presse Sports • P93 : Kenjiro Matsuo / AFLO / Presse Sports • P94-95 : PA Images / Icon Sport • P96 : Alex Broadway / SWPIX / Presse Sports • P97 : Hairul Nizam / Shutterstock • P98: Presse Sports / Faugere Franck • P99 : Presse Sports / Boue Stephane • P100 : Presse Sports / Thomas Sylvain • P101 : Presse Sports / Lahalle Pierre • P102 : Joaquin Corchero / AFP7 / Presse Sports • P103 : Presse Sports / Lahalle Pierre • P104 : Maruyama Kohei/Sports Press JP / AFLO / Presse Sports • P105 : Presse Sports / Faugere Franck • P106-107 : Presse Sports / Lahalle Pierre • P108 : Tim Clayton / Corbis via Getty Images • P109 : Adam Nurkiewicz / Getty Images • P110 : Presse Sports / Mounic Alain • P111 : Presse Sports / Geoff Burke • P112 : Presse Sports / Faugere Franck • P113 : Presse Sports / Mounic Alain • P114 : Presse Sports / Mounic Alain • P115 : Presse Sports / Mounic Alain • P116 : Presse Sports / Mantey Stephane • P117 : Fermin Rodriguez / Quality Sport Images / Getty Images • P118-119 : Yutaka / AFLO / Presse Sports • P120-121 : Presse Sports / Joly Victor • P122: Presse Sports / Mounic Alain • P123 : Jan Woitas / picture alliance via Getty Images • P124-125 : Presse Sports / Winslow Townson • P126-127 : Presse Sports / Michael Madrid